HISTOIRE

DE LA

CONQUÊTE ET DES RÉVOLUTIONS

DU PÉROU.

François Pizarre Conquérant du Pérou, né à Truxillo dans l'Estramadoure, en 1475, égorgé dans son Palais, à Lima, le 19 Juin 1541.

HISTOIRE

DE LA

CONQUÊTE ET DES RÉVOLUTIONS

DU PÉROU,

PAR ALPHONSE DE BEAUCHAMP.

AVEC PORTRAITS.

TOME PREMIER.

A PARIS,

Chez { LENORMANT, Imprimeur-Libraire, rue des Prêtres Saint-Germain-l'Auxerrois, n°. 17 ;
LEROUGE, Libraire, Cour du Commerce.

M. DCCC. VIII.

A MADAME

LOUISE DE SALABERRY,

AU CHATEAU DE MESLAY, PRÈS VENDÔME.

Depuis long-temps, Madame, je puis m'enorgueillir de votre amitié ; c'est elle qui m'éclaira dans mes travaux et me soutint dans les revers ; elle encouragea cet ouvrage : permettez-moi de le placer sous vos auspices. Un hommage si pur, si désintéressé n'est pas indigne de vous, Madame, qui joignez à toutes les vertus de votre sexe une ame forte et l'esprit le plus cultivé. Comment, en effet, n'ambitionnerois-je pas votre suffrage ? n'est-il pas en quelque sorte le précurseur de l'estime que l'Historien attend de l'avenir ? Il ne peut la mériter que par l'impartialité inflexible qui ne cesse de flétrir le vice et d'honorer la vertu. Décidé à parcourir cette noble carrière, et à retracer un jour l'histoire de notre révolution, vous me verrez invoquer l'honneur français, ce feu sacré que le sexe aimable, dont vous êtes le modèle, achèvera de rallumer parmi nous.

Alphonse de Beauchamp.

Paris, ce 1er Janvier 1808.

AVANT-PROPOS.

L'Auteur de cet ouvrage est déjà connu par l'*Histoire de la Guerre de la Vendée et des Chouans*. Voué au genre historique, il auroit ambitionné de faire succéder au tableau de nos guerres civiles un récit plus imposant encore dans son ensemble, plus terrible, plus instructif dans ses résultats, l'*Histoire de notre Révolution*; mais les haines sont encore trop récentes, et il a cru devoir abandonner, pendant quelques années, cet immense et pénible travail, bien résolu de le reprendre un jour. En attendant il s'est essayé sur un sujet nouveau dans la littérature française, les *Révolutions d'Amérique*. Il lui parut d'abord possible de fondre en un seul corps d'ouvrage les révolutions dont

Saint-Domingue, le Mexique, le Pérou et l'Amérique du Nord ont été successivement le théâtre dans l'espace d'un peu plus de trois siècles; mais il vit bientôt qu'un sujet si étendu, si compliqué, dépasseroit les proportions déterminées par ses premiers aperçus, et il jugea, d'après sa complication, qu'il seroit préférable de rentrer dans l'unité de sujet et d'action pour ne point multiplier ni diviser l'intérêt historique. En conséquence il s'est décidé à traiter et à publier séparément chaque partie de ces révolutions. L'auteur a commencé par celles du Pérou, qu'il offre aujourd'hui au Public : elles seront bientôt suivies des *Révolutions du Mexique.*

A la réduction de cet Empire succédèrent immédiatement la découverte et la conquête du Pérou. Trois années avoient suffi à Cortez pour renverser le trône de Montezuma; il fallut à Pizarre encore moins de temps et d'efforts pour détruire l'empire du Pérou.

Cependant les Espagnols ne purent s'y affermir que vingt-cinq années après la conquête ; mais on doit moins l'attribuer à la résistance des Péruviens, qu'aux sanglantes divisions qui éclatèrent parmi les conquérans.

Près de trois siècles se sont écoulés depuis que la domination espagnole a remplacé le gouvernement paternel des Incas. Asservissement des indigènes, changement total de gouvernement, transmutation des propriétés, révoltes, châtimens, répression des conquérans espagnols, telle a été cette révolution, qui n'a pu être consommée qu'après un demi-siècle de guerres civiles. Ce sujet, éminemment historique, offre de grands contrastes, un pays à peine connu, un peuple innocent et paisible se débattant contre des hommes cruels et avides; de part et d'autre de grands caractères, et, du côté des usurpateurs, des crimes odieux et quelques vertus. Cependant ce sujet si riche n'avoit encore été traité qu'avec partialité et diffusion par les historiens espagnols, ou bien d'une manière superficielle et incomplète par quelques écrivains du dernier siècle. L'Auteur a essayé d'éviter ces deux écueils, soutenu, il est vrai, par les encouragemens qui ont accompagné ses premiers pas dans la carrière de l'histoire. Dira-t-il que ces encouragemens ont été une flatteuse compensation de quelques dégoûts non mérités? que ce mélange de contrariétés et de suffrages, en échauffant le zèle, en excitant l'ému-

AVANT-PROPOS.

lation, élève l'ame à cette noble indépendance sans laquelle les écrits de l'historien sont dépourvus de vérité, d'impartialité, d'énergie, et ne laissent apercevoir que les traces de la flatterie et de la servitude ?

L'Auteur traitera non-seulement de la révolution occasionnée par la chute de l'empire des Incas, mais encore de toutes les guerres civiles nées de l'ambition et de l'avarice des Espagnols. Ces différentes catastrophes, qui ne forment qu'une seule et même histoire, offrent une succession d'événemens aussi variés que mémorables. L'Auteur a puisé dans des sources authentiques et originales, et il a constaté tous les faits par la confrontation des témoignages historiques. S'il a fait parler les personnages mis en action, il a suivi, à cet égard, l'exemple des historiens qui ont mérité de servir à la fois d'autorité et de modèle. La fidélité de l'histoire admet d'ailleurs ces formes vives et dramatiques, sur-tout quand elles ne contredisent point les caractères des personnages ni les traditions.

Il n'entroit point dans le plan de l'Auteur de renouveler de vaines questions sur l'origine des peuples de l'Amérique ; il a cherché, au contraire, à éluder toute digression inutile ; il a cru également superflu de traiter la question si souvent débattue des avantages et des inconvéniens de la découverte du nouvel hémisphère, question sinon résolue, du moins à-peu-près épuisée. L'Auteur ne s'est pas non plus occupé de l'histoire du commerce et de ses établissemens, cet objet ayant déjà été traité en détail dans des ouvrages volumineux et répandus. Ainsi l'Auteur des *Révolu-*

tions du Pérou, loin de sortir de son sujet, s'est au contraire attaché à offrir un travail concis et véridique.

Du reste cet ouvrage n'a pas seulement pour objet de transmettre des faits peu connus ou presque oubliés ; il est terminé par un résumé de la situation actuelle du Pérou. On ne comparera pas sans intérêt ce qu'étoit cet Empire sous les Incas avec ce qu'il est de nos jours. Un tel rapprochement acquiert même un plus haut degré d'importance depuis que cette possession espagnole semble, malgré son éloignement, ne plus être à l'abri de l'audace des dominateurs des mers. Une nouvelle révolution menaceroit en effet le Pérou, si le léopard britannique parvenoit à s'établir sur les rives de la Plata. Les Espagnols, même en éloignant le danger, éviteront-ils que le Pérou et le Mexique

se ressentent plus ou moins des bou-
leversemens de l'Europe ? Quel que
soit l'événement, ces deux immenses
contrées exciteront la curiosité des
contemporains, toujours plus atten-
tifs aux intérêts du moment qu'aux
résultats de l'expérience des siècles ;
enfin tout fait pressentir que l'Amérique est appelée à de nouvelles destinées, et qu'elles sont peut-être à la
veille de devenir prophétiques, ces
paroles d'un de nos derniers rois (1) :
*l'Europe finit et l'Amérique com-
mence.*

---

(1) Louis XV.

HISTOIRE

DES

RÉVOLUTIONS DU PÉROU.

LIVRE PREMIER.

Introduction. — Découverte de la mer du Sud par Balboa. — Premiers indices du Pérou. — Caractère de François Pizarre et de Diego d'Almagro. — Expédition pour la conquête du Pérou. — Situation de cet Empire à l'arrivée des Espagnols. — Premier combat contre les Péruviens. — Prise d'Atahualpa, inca régnant.

La péninsule de l'Amérique méridionale ne le cède qu'à l'Afrique en étendue ; mais, plus isolée du reste de la terre, elle est placée comme une région à part au milieu de l'Océan. Montagnes, fleuves, animaux, plantes et minéraux, tout y porte une empreinte particulière.

L'empire du Pérou, au seizième siècle, tenoit, dans cette péninsule, le même rang qu'occupoit l'empire mexicain dans l'Amérique septentrionale; il y propageoit aussi, en s'agrandissant, les principes de civilisation qui avoient fondé sa puissance. Ainsi les deux continens de l'Amérique renfermoient une multitude de peuples barbares au centre desquels s'élevoient deux empires florissans.

C'est aussi au génie de Christophe Colomb qu'est due la découverte de la péninsule méridionale du Nouveau-Monde. Dès 1502, il en avoit frayé la route aux Espagnols; mais il ne fit que longer la côte, sans pouvoir y former aucun établissement. Trois ans après, Ojéda et Nicuessa projetèrent d'y faire des conquêtes solides et durables. Autorisés par leur gouvernement, ils débarquèrent dans le golfe du Darien, près de l'isthme qui unit l'Amérique méridionale au

Mexique : mais les Indiens ne voulurent former aucune liaison avec des étrangers avides et cruels. Bientôt le défaut de subsistances, les maladies, les naufrages inévitables dans des parages inconnus, et les flèches empoisonnées des Indiens, furent autant de dangers que bravèrent en vain les Espagnols. Ceux qui échappèrent se réunirent à Sainte-Marie du Darien. Ils y étoient dévorés de la soif de l'or et vivoient dans l'anarchie, lorsque Nugnez de Balboa parut au milieu d'eux. Doué d'un tempérament robuste, d'une valeur audacieuse et d'une éloquence militaire, il fut choisi pour chef, et prouva bientôt qu'il étoit digne de l'être. Nugnez jugea qu'il trouveroit plus d'or dans l'intérieur des terres que sur la côte, et s'enfonçant dans les montagnes, il eut à combattre des peuplades féroces ; soutenu par l'opiniâtreté de son caractère, il en égorgea une partie, dispersa ou soumit le reste. Mais il lui falloit satisfaire l'insatiable cupidité de ses soldats. Un jour qu'ils se disputoient de l'or avec acharnement, un jeune Cacique indigné leur dit : « Pourquoi en venir aux mains pour si peu de chose ? Si c'est la soif de l'or qui vous a fait quitter votre patrie, qui vous porte à menacer sans cesse notre repos et notre existence, je vous conduirai moi-même dans une région où il est si commun, qu'on l'y emploie aux plus vils usages ». Pressé de s'expliquer, le Cacique assure qu'à six jours de marche vers le sud, on trouve un autre Océan qui conduit à ce riche pays. L'entreprenant Balboa prend aussitôt la résolution de l'aller reconnoître ; il se met en marche le 1er septembre 1513, à la tête de quatre-vingt-dix Espagnols suivis de mille Indiens destinés à porter les vivres et les bagages. L'espace qui les separoit de la mer du Sud n'étoit que de soixante milles ; mais il falloit gravir des montagnes escarpées, franchir plusieurs rivières, traverser des marais fangeux, pénétrer dans d'épaisses forêts, combattre et dissiper des nations sauvages : rien ne put rebuter Balboa. Ce ne fut néanmoins qu'après vingt-cinq jours d'une marche pénible et des prodiges de constance et de valeur qu'il découvrit une autre mer. A cette vue, Nugnez, transporté de joie, s'avance jusque dans les flots, son bouclier d'une main, son épée nue de l'autre, et c'est ainsi qu'au nom de la couronne de Castille, il prend possession de l'Océan Pacifique. « Ce » que mon bras donne à mon souverain, s'é- » crie-t-il, mon épée saura le défendre ». La croix plantée sur le rivage, et les noms de Ferdinand gravés sur des rochers et des arbres consacrèrent en quelque sorte la possession d'un Océan jusqu'alors inconnu.

Tous les témoignages se réunirent alors pour confirmer les premières notions qu'avoient acquises Balboa sur l'existence du Pérou. Les Indiens de la côte de cette vaste mer dirent qu'il existoit réellement à une distance considérable, vers le sud, un empire riche et puissant, dont les habitans avoient jusqu'à des animaux domestiques qui servoient à porter leurs fardeaux. Pour en donner une idée aux Espagnols, ils tracèrent sur le sable la figure des *lamas* ou chameaux du Pérou. Balboa médite aussitôt la conquête de cette opulente contrée, et reprend la route du Darien pour y rassembler les forces qu'exigeoit une pareille entreprise.

Son importante découverte, ses talens et la confiance qu'il inspiroit à ses compagnons n'étoient pas des titres suffisans. Balboa, sans appui à la cour d'Espagne, ne fut point choisi pour mettre à exécution ses grands desseins. Davila-Pedrarias, nommé pour le remplacer, se montra également jaloux et cruel; il fit arrêter son prédécesseur, lui imputa des projets supposés de révolte, ordonna qu'on le mît en jugement, et se servit de son autorité pour faire tomber sa tête.

Devenu maître absolu dans ces contrées, Pedrarias y porta la désolation; ses soldats pillèrent, brûlèrent, massacrèrent de toutes parts sans distinction d'alliés ou d'ennemis. Bientôt il transporta la colonie de Sainte-Marie à Panama, de l'autre côté de l'Isthme qui unit les deux parties de l'Amérique, et cette translation fut le premier pas qui conduisit au Pérou. En effet, la situation de ce nouvel établissement devoit en faciliter la conquête; mais le cruel Pedrarias n'en eut pas la gloire : elle étoit réservée à trois aventuriers. François Pizarre, l'un deux, fils naturel d'un gentilhomme espagnol, ne savoit même pas lire; mais la nature l'avoit doué d'une ame forte et d'un esprit pénétrant qui suppléoient aux avantages de l'éducation. Actif et courageux, les conquêtes de Cortez avoient enflammé son ambition et sa jalousie. Animé de la passion des découvertes, il s'étoit trouvé à presque toutes les expéditions du Nouveau-Monde. On l'avoit vu se distinguer sous Balboa, en l'aidant à se frayer une route dans des contrées où il devoit jouer le premier rôle. Plein des grandes vues de ce chef malheureux, Pizarre mûrit le projet de pénétrer dans le Pérou et de le conquérir; il s'associe Diego d'Almagro, qui avoit vieilli dans les camps. Almagro, d'une naissance obscure, mais d'un courage éprouvé, sobre, patient, infatigable, auroit offert toutes les vertus d'un soldat, s'il ne s'étoit trop souvent abandonné à son penchant pour la cupidité et la cruauté. Sa fortune et celle de Pizarre ne pouvant suffire aux frais d'un armement, ils eurent recours à un ecclésiastique nommé Fernand de Luques, qui s'étoit enrichi dans le Nouveau-Monde. Animé du desir d'accroître sa fortune, Fernand embrassa avec ardeur les projets de Pizarre. Tels furent les trois hommes qui, sans aucun secours de leur gouvernement, entreprirent de renverser un empire dans toute sa vigueur, et qui, n'ayant rien à redouter de ses voisins, auroit pu se perpétuer heureux et inconnu.

Autorisés par Pedrarias, gouverneur de Panama, les trois confédérés engagèrent toute leur fortune pour le succès de la grande entreprise qu'ils méditoient, en se jurant de partager les richesses qui en proviendroient, et de se garder mutuellement une fidélité inviolable. La ruse et la dissimulation donnèrent bientôt à Pizarre un ascendant marqué sur ses deux associés; il se chargea du commandement des vaisseaux et des troupes de l'expédition. Almagro promit de fournir des vivres et de conduire lui-même des renforts: quant à Fernand de Luques, il devoit rester auprès du gouverneur de Panama pour veiller aux intérêts communs. L'enthousiasme de la religion, toujours uni, à cette époque, à la passion des découvertes, fit ratifier, au nom du ciel, un contrat qui n'avoit pour objet que le carnage et le butin. On vit en conséquence Fernand de Luques célébrer publiquement la messe, et après avoir consacré une hostie, la partager entre lui et ses deux associés.

Les forces destinées à cette expédition étoient loin de répondre à la grandeur de l'entreprise; on n'y put employer qu'un seul vaisseau, quarante-deux hommes d'équipage et quatre chevaux. Pizarre partit de Panama le 14 septembre 1524, se dirigeant vers le sud : c'étoit la saison la moins favorable de l'année. Battu continuellement par les vents contraires, il tint la mer pendant soixante-dix jours, éprouvant des dangers continuels, et n'apercevant, sur une côte immense, que des plaines inondées, que des montagnes couvertes de forêts impénétrables et des sauvages menaçans. La faim, les fatigues, les maladies, et des combats successifs diminuèrent le nombre de ses soldats sans abattre son courage. Ce ne fut que six mois après son départ de Panama, qu'il fut joint par soixante-dix hommes qu'Almagro amenoit à son secours : ce dernier avoit lui-même été repoussé par les Indiens dans un combat où il perdit un œil d'un coup de flèche. Il partagea néanmoins les périls et les souffrances de Pizarre. On aperçut enfin, après une longue suite de désastres, la côte de Quito, un pays plus fertile, où les habitans étoient vêtus d'habits de laine et de coton, et ornés de bijoux d'or et d'argent. Ces apparences de civilisation auroient suffi pour encourager Pizarre, si la moitié de ses équipages n'avoit déjà péri par la faim et par l'influence du climat, plus encore que par les flèches des Indiens. Les Espagnols n'osèrent donc tenter la conquête d'un pays aussi peuplé. Pizarre se retira dans une île avec une partie de ses soldats; Almagro se hâta de retourner à Panama, dans l'espoir d'amener bientôt de nouveaux secours. Pierre de Los-Rios avoit succédé à Pedrarias dans le gouvernement de cette colonie. Instruit des pertes que les Espagnols venoient de faire, et guidé d'ailleurs par des considérations d'économie, il envoya ordre aux compagnons de Pizarre qui avoient échappé à tant de maux, de rentrer à Panama. L'opiniâtre Pizarre refusa ouvertement d'obéir; il n'en fut pas de même de ses soldats, qui, presque tous découragés, desiroient revoir leurs parens et leurs amis. Pizarre employe d'abord l'adresse et l'éloquence pour les retenir; ses efforts devenant inutiles, il trace avec son épée une ligne sur le sable, et déclare que ceux qui voudront le quitter peuvent la franchir : tous l'abandonnent, à l'exception de treize vétérans qui s'immortalisèrent en restant fidèles à leur chef. Ce fut à la constance de ces treize soldats, dont les historiens ont soigneusement recueilli les noms, que l'Espagne dut la plus importante de ses possessions d'Amérique. Ces braves et leur chef se retirèrent dans l'île de la Gorgone, à six lieues de la côte, pour y attendre les nouveaux secours que Fernand de Luques promettoit secrètement. Cette île déserte d'un aspect effroyable, sous un ciel chargé de nuages, est sans cesse inondée par des pluies orageuses; ses bords sont hérissés de rochers où les flots viennent continuellement se briser ; ses montagnes sont couvertes de sombres forêts, et un air humide qui s'échappe de ses marais fangeux, engendre une multitude de reptiles, d'insectes, et des maladies contagieuses. Telle fut la retraite où se réfugia Pizarre et ses compagnons; ils y restèrent cinq mois entiers, et se croyoient perdus à jamais, lorsqu'ils aperçurent enfin un petit navire expédié pour les tirer de cet affreux séjour. Leurs espérances se ranimèrent aussitôt; l'abattement fit place à la confiance, et au lieu de retourner à Panama, Pizarre fit route au sud-est. Plus heureux cette fois, il découvre, après vingt jours de navigation, la côte du Pérou et aborde à Tumbès: tout y attire l'attention des Espagnols, tout y excite leur étonnement. Un temple couvert de lames d'or, des ornemens et des ustensiles de ce métal précieux; un palais destiné aux Incas ou souverains du Pérou; des habitans bien vêtus, policés, connoissant l'usage des animaux domestiques, tels furent les objets qui découvrirent aux yeux de Pizarre l'opulence et la civilisation de l'empire péruvien. Trop foible pour rien entreprendre, il se contente de la vue d'un pays dont il se promet bientôt l'entière possession, sans négliger néanmoins d'établir des relations de commerce et d'échange avec les Indiens, aussi étonnés de la visite des Espagnols, que l'étoient ceux-ci de la richesse et de la fertilité du Pérou. Pizarre reprenant la route de Panama, y reparut avec des vases d'or, de la poudre d'or, et trois Péruviens qu'il avoit eu la précaution d'enlever pour lui servir d'interprètes dans l'invasion qu'il projetoit. A cette vue, la cupidité de ses deux associés s'irrite; ils éprouvent au plus haut degré la passion d'acquérir des trésors dont ils n'ignorent plus la source. Mais ni la relation pompeuse de Pizarre, ni les vives sollicitations de ses associés ne peuvent déterminer le gouverneur Los-Rios à fournir des soldats et des vaisseaux. Pizarre seul ne se décourage point; il se concerte avec Almagro, Fernand de Luques, et vole ensuite en Europe pour réclamer l'appui de son gouvernement.

A cette époque, toute la monarchie espagnole réunie sur la tête de Charles-Quint, atteignoit l'apogée de sa puissance et de sa gloire; le nouvel hémisphère sembloit devoir lui appartenir; car, tandis que l'Europe trembloit qu'il ne s'établît une monarchie universelle, presque toute l'Amérique se courboit successivement sous le joug de l'Espagne.

Le génie du monarque le portoit à encourager les aventuriers d'un grand caractère, qui pouvoient répondre à ses vues d'agrandissement. Pizarre dont l'ardeur étoit soutenue par les dispositions favorables de Charles-Quint, se présente à lui avec une noble assurance, et conduisant sa négociation avec autant d'adresse que de dignité, il obtient le titre de gouverneur et de capitaine général de tout le pays qu'il a découvert et qu'il promet de conquérir. On ne lui accorda aucun secours réel, mais seulement l'autorisation de fournir les vaisseaux, les armes et les munitions nécessaires. C'est ainsi qu'une simple cédule signée du nom de Charles-Quint condamna le Pérou à passer sous le joug de la Castille. Pizarre profite de sa faveur à la cour de Charles pour faire déclarer sa jurisdiction indépendante de celle du gouverneur de Panama. Fier de ces concessions honorables, il revole en Amérique accompagné de ses frères Fernand, Juan et Gonzale Pizarre et de François d'Alcantara : tous étoient jeunes, braves, pleins d'ardeur et de zèle, parfaitement en état de remplir chacun le rôle important qui leur étoit destiné ; mais Pizarre, qui ne pensoit qu'à satisfaire sa propre ambition, avoit négligé à la cour d'Espagne les intérêts de son lieutenant, de sorte qu'à son retour à Panama il eut de violens démêlés avec Almagro, mécontent de ne point partager la puissance et les honneurs auxquels il avoit aspiré. Ce soldat franc et brusque, n'étoit point implacable ; Pizarre l'appaisa, et la réconciliation s'étant faite par l'intermédiaire de Fernand de Luques, on renouvela aussitôt la confédération, avec la clause expresse que le partage des richesses seroit égal.

Malgré leurs efforts pour l'intérêt commun, les confédérés ne purent équiper que trois vaisseaux : leurs forces se réduisoient à cent quarante-quatre fantassins et trente-six cavaliers. Il est vrai que le succès des armes espagnoles en Amérique avoit donné une telle idée de leur supériorité, que Pizarre ne balança point à s'embarquer avec cette poignée de soldats. Ainsi qu'au premier voyage, Almagro resta à Panama, dans l'espoir d'amener bientôt des renforts. Pizarre mit à la voile dans le mois de février 1531. Après treize jours d'une navigation mieux calculée, la force des vents et des courans le fit dériver à cent lieues au nord de la rade de Tumbès, où il s'étoit proposé de descendre. On prit terre dans la baie de Saint-Mathieu, et ensuite on s'avança vers le midi, en suivant la côte, qui étoit difficile. Dans leur marche pénible, les soldats de Pizarre, aigris par la disette et les fatigues, attaquèrent et dépouillèrent imprudemment les Péruviens ; l'aspect de ces intrépides agresseurs, auxquels rien ne pouvoit résister, fit sur eux la même impression qu'avoient faite les soldats de Cortez sur les habitans du Mexique.

Les seuls Indiens de l'île de Puna, qui est située à l'entrée de la baie de Guayaquil, résistèrent à Pizarre, parce qu'ils étoient plus braves et moins civilisés que les Indiens du continent. Leur défense fut si obstinée, qu'il fallut plusieurs mois pour les soumettre; mais la rade une fois forcée, les vainqueurs débarquèrent à Tumbès sans être inquiétés. Assiégés, néanmoins, par les maladies, ils y furent arrêtés trois mois entiers. Rien ne put consoler les Espagnols de cette longue inaction que l'arrivée de nouveaux renforts qu'amenèrent Sébastien Benalcazar et Fernand de Soto : foible secours qui ne s'élevoit guère qu'à soixante hommes, mais qui parut alors d'autant plus important, qu'il étoit conduit par deux capitaines expérimentés. Pizarre put enfin se remettre en marche, et trouvant à l'embouchure de la rivière de Piura une position favorable, il y fonda la colonie de Saint-Michel. Tel fut le premier établissement des Espagnols conduits par Pizarre. Ce capitaine, étonné cependant de s'établir ainsi dans un pays inconnu sans trouver de résistance, se précautionnoit, et recherchoit avec soin tout ce qui pouvoit l'éclairer sur l'étendue, la force et le gouvernement du Pérou.

Ce vaste empire avoit d'abord été habité par des peuplades errantes dans les forêts, vivant de leur proie et des fruits sauvages d'une terre inculte. On y étoit sans cesse en état de guerre, et souvent les vaincus servoient de nourriture aux vainqueurs ; reduits en captivité et engraissés avec soin, ils étoient ensuite immolés pour des festins abominables. Des hommes si féroces n'avoient pu imaginer que des dieux cruels et sanguinaires comme eux; leur culte s'adressoit à tout ce que la nature a de plus terrible, aux animaux farouches, aux reptiles monstrueux, aux orages, aux vents, aux volcans, à la foudre. Ces malheureuses peuplades sembloient à jamais vouées au génie du mal, lorsqu'enfin, sur les bords d'un grand lac, près de Cusco, parurent un homme et une femme d'une taille majestueuse et d'une figure céleste. C'étoient Manco-Capac et la belle Coya-Ocello, sa sœur et son épouse : leur origine est restée inconnue. Ils se dirent les enfans du soleil, envoyés sur la terre pour rendre les hommes bons et heureux; on les crut descendus du ciel. A leur voix, les hommes nuds répandus dans les forêts se rassemblèrent. Manco leur apprit à féconder la terre, à diriger le cours des eaux, à se mettre à l'abri de l'inclémence de l'air. Coya-Ocello montra aux Indiennes à filer la laine.

et le coton, à se vêtir de leurs tissus, à servir leurs époux, à élever leurs enfans. Manco-Inca jetant ensuite les fondemens de la ville de Cusco dans la belle vallée de ce nom, cent villages l'environnèrent. Il abolit les sacrifices humains, institua le culte du soleil, établit des fêtes en son honneur et lui éleva des temples où brillèrent l'or et l'argent. Le sage Manco vit prospérer sous ses yeux l'empire qu'il avoit fondé, et dit en mourant qu'il alloit reposer auprès du soleil son père. Rocha-Inca, son fils aîné, lui succéda, et régna comme lui par la persuasion et les bienfaits. Telle fut l'origine de la race des Incas ou souverains du Pérou. L'empire ne comprenoit d'abord que la vallée de Cusco; mais les successeurs de Manco-Capac en étendirent au loin les bornes, moins pour satisfaire la passion des conquêtes que pour civiliser tous ces peuples barbares (1).

Sous les derniers Incas, le Pérou occu-

---

(1) Voyez à la fin de ce volume le Tableau Historique du règne des Incas.

poit, vers l'occident, cette partie de la péninsule de l'Amérique où la chaîne des Andes s'étend irrégulièrement et s'élève au-dessus des nuages. L'immense plateau qui sert de base à ces montagnes célèbres est lui-même de trois mille toises au-dessus du niveau de la mer; il contient plusieurs lacs : celui de Titicaca, dont la circonférence est de quatre-vingts lieues, reçoit plusieurs rivières dans son sein. Des torrens sortent de la plupart de ces lacs, et creusent en grossissant des gorges d'une profondeur effrayante. Les Andes renferment les mines les plus riches de l'univers ; elles recèlent aussi des matières volcaniques dont les éruptions ébranlent et bouleversent fréquemment le Pérou. Les plus considérables, les plus élevées de ces étonnantes montagnes sont couvertes, quoique sous l'équateur, de glaces et de neiges perpétuelles, servant de réservoirs aux trois plus grands fleuves du monde : dans leurs cours ils évitent le Pérou, et se dirigent à l'est pour se jeter dans l'Océan Atlantique.

Du côté opposé, la disposition du terrein va plus rapidement en pente depuis le sommet des Andes jusqu'à la mer Pacifique. Les vallées touchent à une côte sablonneuse et stérile, de trois cents lieues d'étendue où l'on ne connoît ni pluie, ni tonnerre, ni tempêtes. Cette immense lisière de sable n'est arrosée et fertilisée en partie que par des torrens dont les Péruviens savoient maîtriser les eaux. On n'y trouve que deux ports d'un abri sûr pour le navigateur. Du reste, la chaîne des Andes forme des zones et des climats divers, et les saisons y sont plus marquées; l'accès en est d'ailleurs difficile; il faut y gravir continuellement; il faut marcher dans des gorges, passer sans cesse des défilés, des rivières et des torrens. Mais les vallées du Pérou sont généralement un séjour délicieux. L'air y est doux et tempéré; un dais de nuages y intercepte les rayons brûlans du soleil sans s'opposer à son influence. La nature y prodigue ses bienfaits; toutes les productions nécessaires à la vie et au bonheur de l'homme y abondent. Rien ne manquoit donc au vaste pays soumis aux Incas.

Le fondement de leur puissance et tout le système du gouvernement reposoient sur la religion. Les Péruviens adoroient, sous le nom de grand *Pachacamac*, un être suprême; mais le soleil, source de la lumière et de la fertilité, attiroit leur principal hommage, et après lui les étoiles et la lune. L'Inca, ou *enfant du soleil*, prenoit à la fois le titre de législateur et de messager du ciel; le sacerdoce résidoit dans sa famille, sa race étoit sacrée, son pouvoir absolu. D'un bout de l'empire à l'autre, ses officiers pouvoient disposer de la vie et de la fortune des Péruviens, s'ils montroient seulement une frange du *Llanta* ou bandeau royal, ornement distinctif de l'Inca régnant. Mais cette énorme puissance des Incas étoit mitigée par son alliance avec une religion essentiellement bienfaisante.

Ils avoient distribué l'état entier en décuries, et confié à des officiers particuliers la surveillance et l'inspection des familles. Toutes les terres susceptibles de culture étoient divisées en trois parties inégales. L'une réservée au culte du soleil, l'autre appartenant aux Incas; la troisième, plus considérable, destinée à l'entretien des sujets. Ainsi le droit de propriété étoit inconnu dans le Pérou. Nul n'étoit dispensé du travail. Quand un officier de l'Inca en donnoit le signal, les Péruviens accouroient aussitôt dans les champs pour s'y livrer aux travaux de la culture. Ils y étoient encouragés par le son des instrumens, par le chant des cantiques adressés au soleil, et sur-tout par l'exemple des Incas. Ces princes cultivoient de leurs mains un champ près de Cusco, et honoroient ce travail en l'appelant leur triomphe sur la terre. Aussi l'agriculture étoit-elle plus florissante dans le Pérou que dans aucune autre partie de l'Amérique.

Plusieurs canaux fertilisoient les terreins

sablonneux et stériles; des *Tambos* ou greniers publics assuroient la subsistance du peuple. Comme dans le Mexique, on connoissoit au Pérou la distinction des rangs. Toutes les dignités civiles et militaires étoient le partage d'une classe de nobles nommés *Curacas*, espèces de caciques ou chefs de tributs: les Espagnols les désignèrent sous le nom d'*Orejones*, parce qu'ils portoient aux oreilles de gros grains d'or qui les distinguoient. Ils nommèrent *Yanaconas* les Péruviens qui vivoient dans un état perpétuel de servitude. Entre ces deux classes il y en avoit une intermédiaire de sujets libres qui ne participoient ni aux emplois ni aux honneurs. Les *Amautas* ou poètes-philosophes formoient aussi une classe particulière: ils composoient des drames, et les représentoient eux-mêmes au jour des fêtes solennelles.

Les lois des Péruviens, basées en général sur les principes de la morale et de la civilisation, prononçoient la peine de mort contre l'homicide, le vol et l'adultère. La polygamie étoit défendue; l'Inca seul pouvoit épouser plusieurs femmes afin d'étendre et de perpétuer la famille du soleil. Cependant la législation des Incas offroit quelques traits de despotisme et de superstition barbares : des milliers de victimes humaines étoient immolées sur le tombeau du monarque; une loi terrible faisoit expier aux vierges consacrées au soleil un amour sacrilége. Non-seulement la prêtresse infidèle étoit ensevelie vivante et le séducteur voué au supplice, mais encore toute la famille du criminel périssoit dans les flammes.

Il n'y avoit que Cusco, dans tout l'empire, qui méritât le nom de ville et qui en eût réellement l'aspect. Hors de Cusco les Péruviens vivoient dans des villages ou dans des habitations éparses. Leurs maisons, généralement quarrées, bâties avec des briques durcies au soleil, étoient d'une construction plus légère dans les plaines que dans les montagnes : les murailles avoient huit pieds de hauteur. C'étoit dans les forteresses, les palais appartenant aux Incas et les temples consacrés au soleil, que se montroit le génie des Péruviens. Ces monumens d'industrie et de puissance, remarquables par leur solidité, formés d'énormes pierres artistement jointes, étoient d'autant plus étonnans, que les Péruviens ignoroient l'usage du fer.

Privés également de l'avantage inappréciable de l'écriture, toute leur science résidoit dans la mémoire. Ils apprenoient leur religion et leur histoire par des cantiques, leurs devoirs et leur profession par l'imitation et le travail. A la vérité, leurs *quipos*, ou nœuds combinés, suppléoient, sous quelques rapports, à l'art de l'écriture, en retraçant, par la variété de la contexture et des couleurs, quelques faits dont on vouloit conserver le souvenir; du moins est-il certain qu'en rendant le calcul plus exact et plus prompt, ils servoient de registres publics pour la perception des impôts et les rôles de population.

Les Péruviens acquittoient tous leurs tributs en nature; ils y ajoutoient celui des armes qu'ils fabriquoient, et dont ils faisoient des amas pour la guerre; leurs arsenaux étoient remplis de haches de cuivre et de caillou, de massues de bois et d'or, de lances, d'arcs et de flèches; mais leurs boucliers étoient peu solides. Il est vrai que les Péruviens n'étoient point belliqueux, soit que les institutions qui adoucirent leurs mœurs eussent énervé leur courage, soit que la sérénité continuelle de leur climat les rendît peu propres à la guerre. Ils ignoroient l'usage de la monnoie, quoiqu'ils fussent à la source de l'or et de l'argent, et ils n'avoient pas proprement de commerce; cependant ils connoissoient la fusion des métaux, mettoient en œuvre l'or et l'argent, et en faisoient des ornemens pour les bras, pour le cou, pour les oreilles. Ils en fabriquoient aussi des vases, des statues creuses ou fondues, et donnoient à l'or, à l'argent, aux émeraudes toute sorte de formes. Des pierres polies leur servoient de miroirs. La laine, le coton recevoient un tissu plus ou moins serré dont ils s'habilloient, dont ils faisoient des mantes qui recouvroient leurs chemises de coton et laissoient les bras libres. Les grands les attachoient avec des agrafes d'or, leurs femmes avec des épingles d'émeraude, et le peuple avec de fortes épines. Le noir, le bleu et le rouge étoient les couleurs de leurs étoffes. Dans les plaines sablonneuses et brûlantes de la côte, les mantes des grands n'étoient que de toile fine de coton teinte de plusieurs couleurs; le peuple n'avoit pour tout vêtement qu'une ceinture tissue de filamens d'écorces d'arbres. Avec la toison des vigognes on fabriquoit à Cusco, pour la cour des Incas, des tapisseries ornées de fleurs, d'arbres et d'oiseaux variés, et d'une imitation assez exacte. Du reste les temples du Pérou, ses forteresses, ses canaux, ses ponts d'osiers qui traversoient les fleuves, ses voies publiques, qui s'étendoient du centre de l'Empire jusqu'aux frontières, et qui mettoient les vallées au niveau des collines, ses hospices sans cesse ouverts aux voyageurs, étoient des monumens d'industrie, d'obéissance et d'amour.

La civilisation des Péruviens étoit donc avancée sous beaucoup de rapports, mais très-imparfaite quant aux arts et aux sciences ; elle offroit d'ailleurs plusieurs contrastes qui ont embarrassé les historiens et donné lieu à des exagérations ridicules. En ramenant toutes les idées à l'expression simple de la vérité, je les fixerai peut-être enfin sur le degré de sociabilité dont jouissoient les heureux peuples du Pérou sous le gouvernement religieux et paternel des Incas (1).

Ce florissant Empire subsistoit depuis quatre siècles, sous douze monarques successifs, qui avoient plus ou moins contribué à son agrandissement. Il s'étendoit du septentrion au midi, à plus de quinze cents milles le long de

(1) Voyez à la fin du second volume les Notes historiques sur les mœurs, les usages des Péruviens, et sur les principales villes du Pérou.

l'Océan Pacifique. Borné par la chaîne des Andes, sa largeur d'occident en orient étoit moins considérable. Huana-Capac, douzième Inca, soumit par ses armes le vaste royaume de Quito, et pour s'assurer une conquête qui doubloit sa puissance, il établit sa résidence à Quito même, après avoir épousé la fille du roi qu'il avoit vaincu. En violant ainsi la loi fondamentale de l'État, qui défendoit de souiller le sang royal par une alliance étrangère, Huana-Capac ne prévoyoit point qu'une telle infraction entraîneroit la ruine de l'Empire dont son ambition avoit reculé les bornes. Il eut de la princesse de Quito un fils nommé Atahualpa dont les qualités précoces et brillantes cachèrent le naturel vicieux. Ce jeune prince devint bientôt l'objet de la tendresse aveugle de son père : il le nomma héritier du royaume de Quito, laissant à sa mort ses états du Pérou à Huascar, son fils aîné, qu'il avoit eu d'une princesse du sang des Incas. Ce partage eut des suites funestes ; car, dans les deux hémisphères, les mêmes passions entraînent les mêmes malheurs. On vit donc les deux frères rivaux plonger dans la guerre civile un empire qui jusqu'alors en avoit été préservé par la sagésse des premiers Incas. Huascar fondant son droit sur d'anciens usages, excité d'ailleurs contre son frère, le somme de renoncer à la couronne de Quito, et de le reconnoître comme seul Inca régnant. De son côté Atahualpa s'appuie sur les dernières volontés de son père ; il élude d'abord la demande de Huascar, se ménage, par son affabilité, par ses largesses, l'appui des chefs péruviens qui avoient vaincu sous Huana-Capac, et jetant bientôt le masque, il prend les armes et marche contre son propre frère.

Cette guerre civile étoit dans toute sa force quand Pizarre aborda sur les côtes du Pérou. L'acharnement des deux princes ne leur permit point de donner une sérieuse attention à l'arrivée et aux violences des Espagnols ; d'ailleurs leur petit nombre empêchoit qu'ils ne fussent un sujet d'alarme. Dans leur haine aveugle, les deux rivaux crurent même qu'ils pourroient se servir de ces étrangers pour s'assurer la victoire. Pizarre profitant de cet heureux concours d'événemens, reconnut librement la côte et s'y établit. Il n'y obtint d'abord qu'une connoissance imparfaite des troubles qui agitoient l'intérieur de l'Empire; mais un envoyé d'Huascar étant venu lui demander, au nom de ce prince, des secours contre Atahualpa, qu'il lui dépeignit comme un rebelle et un usurpateur, Pizarre prévit à l'instant tous les avantages qu'il pourroit tirer de cette guerre intestine, en se liguant, selon les circonstances, avec l'un des compétiteurs pour écraser l'autre. Il projette aussitôt de pénétrer au centre même du Pérou, en laissant toutefois à Saint-Michel une garnison suffisante chargée de défendre ce poste qui lui assuroit une retraite, et d'où il pouvoit recevoir des renforts. Pizarre n'étoit point encore en marche, lorsque la force qui triomphe si souvent de l'autorité et des lois, prévalut dans la querelle des deux frères. Huascar fut défait par Atahualpa, dont les troupes étoient plus aguerries. Le vainqueur usant tour-à-tour de violence et de ruse, vit tomber en son pouvoir presque tous les enfans du soleil qui descendoient du fondateur Manco; et comme leur existence attestoit aux yeux des Péruviens l'invalidité de son droit à la couronne, il les fit égorger. Des motifs politiques lui firent épargner l'infortuné Huascar, fait prisonnier à la suite de deux batailles sanglantes qui avoient décidé du sort de l'Empire; il se servit de son nom pour mieux établir sa propre autorité. L'armée d'Huascar étoit entièrement dissipée, et Atahualpa avoit congédié la plus grande partie de ses forces, quand Pizarre, à la tête de soixante-deux cavaliers et de cent deux fantassins, partit de Saint-Michel pour se diriger vers Caxamarca. Il lui falloit faire douze marches à travers un pays inconnu, ne sachant lui-même s'il seroit reçu en ami ou en ennemi.

L'Inca victorieux, instruit de l'arrivée des

Espagnols, ne formoit sur ces étrangers que des conjectures: tantôt les jugeant d'après leur rapacité, il les regardoit comme des ennemis du repos et de la liberté de son empire; tantôt il se laissoit éblouir par des rapports exagérés, et les considéroit comme des êtres d'une nature supérieure, qui ne pouvoient avoir que des intentions pacifiques. Pour fixer ses idées sur ces hommes inconnus, Atahualpa expédia successivement deux de ses officiers à Pizarre, avec de riches présens, et l'assurance formelle d'une réception amicale. Pizarre usa du même artifice dont s'étoit servi Cortez dans le Mexique; il répondit à l'envoyé d'Atahualpa qu'il venoit comme ambassadeur d'un puissant monarque, dans l'intention d'offrir au souverain du Pérou des secours contre les ennemis qui lui contestoient l'empire. Cette déclaration calme Atahualpa, qui se détermine à recevoir Pizarre en qualité d'ambassadeur et d'ami. Rien ne pouvant désormais troubler la marche des Espagnols, ils traversèrent paisiblement

les plaines sablonneuses et stériles qui sont situées entre Saint-Michel et Motupé, déserts affreux où l'on ne trouve ni eau, ni arbres, ni plantes, et qui seroient devenu leur tombeau si on leur eût opposé la moindre résistance. S'étant dirigé vers la chaîne des Andes qui environne les plaines du Pérou, ils s'engagèrent dans un défilé presqu'inaccessible, où une poignée de Péruviens auroient pu les accabler. Mais la crédulité d'Atahualpa, qu'enivroient d'ailleurs des succès récens, devoit le perdre et assurer le triomphe des Espagnols. Leur avant-garde touchoit à Caxamarca, lorsqu'un troisième ambassadeur vint à la rencontre de Pizarre : c'étoit un des frères de l'Empereur ; sa suite répondoit à sa haute naissance. « L'Inca,
» dit-il, vous verra avec satisfaction, car vous
» êtes du nombre de ses parens, étant des-
» cendu comme lui du soleil, Inca *Vira-*
» *choca* ». Il remit à Pizarre de riches présens et des bracelets d'or, honneur réservé, dans le Pérou, aux chefs de l'armée.

Cependant l'Inca venoit de rassembler à la hâte un corps de troupes, et s'étoit porté près de Caxamarca pour mieux observer la marche des Espagnols. Ainsi qu'il arrive dans tous les dangers imprévus, les conseillers du monarque n'étoient point d'accord ; les uns représentoient ces étrangers comme des hommes fourbes et avides, mais foibles et peu redoutables, ne pouvant supporter la fatigue et les périls qu'en se faisant porter par des animaux inconnus; ils opinoient pour qu'on s'en délivrât à force ouverte. D'autres, au contraire, regardoient les Espagnols comme des êtres d'une intelligence et d'une nature supérieure, et pensoient qu'on ne devoit employer pour les éloigner que des moyens de conciliation.

L'Inca flottoit dans un indécision toujours funeste. Il n'en étoit pas de même de Pizarre, qui s'avançoit avec audace, mais avec précaution, dans la crainte d'une surprise. Arrivé à Caxamarca, un envoyé péruvien lui enjoint de ne pas loger dans la ville sans en avoir reçu l'autorisation de l'Empereur. Pizarre ne fait aucune réponse, établit ses troupes partie dans un temple du soleil, partie dans un des palais de l'Inca, entouré de murailles épaisses. De ces deux postes avantageux, il détache le capitaine Soto, et son frère Fernand au camp d'Atahualpa, qui n'étoit qu'à une lieue de la ville, pour assurer ce monarque de ses dispositions pacifiques, et lui demander une entrevue. Soto part le premier à la tête de vingt cavaliers, arrive en présence de l'Inca, qui étoit sur un trône d'or, pousse son cheval, et effraye ainsi quelques Péruviens qui s'éloignent avec précipitation, et qui sont à l'instant punis de leur timidité par ordre de l'Inca. Des deux côtés on s'observoit avec un étonnement mêlé d'inquiétude. L'Inca évitoit de faire aucune réponse positive à l'officier de Pizarre; il parloit à un Cacique, le Cacique à un interprète, et l'interprète au capitaine Soto; mais Fernand Pizarre qui survint, s'adressa directement à Atahualpa au moyen de l'inter-

prête Philippillo: il lui parla en ces termes :
« Le gouverneur, mon frère, arrive ici de la
» part du roi d'Espagne, son maître, pour
» vous faire entendre la volonté de ce puis-
» sant monarque; il desire en conséquence
» vous voir, et me charge de vous assurer
» qu'il veut être votre ami. — Je recevrai
» avec plaisir, répond Atahualpa, l'offre de
» l'amitié de votre frère, pourvu qu'il rende
» à mes sujets tout l'or et l'argent qu'il leur
» a pris, et qu'il sorte incontinent de mes
» états; j'irai dès demain concerter avec lui
» toutes les mesures de sa retraite ».

Malgré la fermeté de cette réponse, les envoyés de Pizarre furent reçus avec tous les égards d'usage parmi les nations policées. Des femmes indiennes richement parées leur présentèrent des fruits et des rafraîchissemens dans des coupes d'or; et des officiers de la cour leur firent, au nom de l'Inca, de riches présens. Les deux capitaines espagnols examinèrent d'un œil étonné le camp d'Atahualpa, c'étoit plutôt une grande ville, par la quantité prodigieuse de tentes qui y étoient rangées avec symétrie, par le grand nombre d'Indiens des deux sexes qui s'y trouvoient réunis, et sur-tout par l'ordre et la police qu'on y voyoit régner. La magnificence de la cour du monarque péruvien, les marques d'obéissance et de respect que lui prodiguoient ses sujets, l'or et l'argent qui brilloient sur son trône et tout autour de lui, les ornemens précieux dont ses favoris étoient couverts, excitèrent au plus haut degré la surprise et l'admiration des deux Espagnols; ils promenèrent sur toutes ces richesses des regards avides, et à leur retour à Caxamarca, ils en firent à leurs compatriotes une exacte description : « Elles surpassent, dirent-ils, » tout ce que nous avons pu voir en ce genre » en Europe, et même en Amérique ». A ce récit, tous brûlent du desir de s'en emparer aussitôt.

Les Péruviens n'étoient redoutables, ni par leur discipline, ni par leurs armes; mais ils avoient pour eux le grand nombre et une parfaite connoissance du pays. Tout autre que Pizarre eût été intimidé; lui, au contraire, se rappelle tous les avantages que Cortez avoit su tirer de la prise de Montézuma, et il forme aussi le projet de s'emparer de la personne de l'Inca par la perfidie et la violence, en se couvrant à propos des dehors de l'amitié et du caractère sacré d'ambassadeur. Plein de cette idée, il se concerte avec ses capitaines et le Dominicain Vincent Valverde, aumônier de l'expédition, qui étoit toujours prêt à donner des conseils extrêmes; ensuite il fait tous les préparatifs que lui suggère sa prudence. Ses soldats s'animent et s'encouragent pendant la nuit; ils font soigneusement la garde du camp, et mettent leurs armes en bon état.

Le jour paroissoit à peine : Pizarre rassembla ses troupes, plaça toute son infanterie dans les cours du palais de Caxamarca, partagea sa cavalerie en trois escadrons, sous le commandement de ses trois frères, et des capitaines Soto et Benalcazar ; ensuite il fait tourner son artillerie, composée de deux pièces de canon, vers l'avenue par laquelle doit arriver l'Inca, et, ordonnant à tous ses soldats de rester immobiles en attendant le signal, il se place avec vingt hommes d'un courage éprouvé à la tête de son infanterie.

Dans cet ordre Pizarre attendit une grande partie de la journée (c'étoit le 16 novembre). L'Inca, voulant paroître dans toute sa splendeur, avoit employé la matinée entière en préparatifs et en dispositions militaires, chargeant Ruminavi, l'un de ses généraux, qui s'étoit le plus opposé à l'admission des Espagnols, de tourner par les hauteurs leur position, et d'occuper tous les défilés à la tête de cinq mille hommes d'élite pour le garantir et voler à son secours en cas de surprise ou de violence. Le mouvement de ce chef indien étoit calculé sur la marche du cortège de l'Empereur, qui s'avançoit si lentement, qu'il fit à peine une lieue en quatre heures. L'impatience des Espagnols étoit au comble. Pizarre craignant que son dessein n'eût été pénétré, envoyoit déjà un de ses officiers à Atahualpa pour confirmer ses dispositions pacifiques.

Enfin parut l'Empereur, porté par ses principaux favoris sur une chaise d'or enchâssée dans une espèce de palanquin tout couvert de lames d'or et d'argent, orné de plumes de différentes couleurs et enrichi d'émeraudes. Son front étoit ceint du *Llanta* royal, espèce de diadème à franges de laine couleur pourpre; il tenoit à la main une verge d'or surmontée d'un soleil de même métal orné de pierreries. Trois cents Indiens vêtus uniformément précédoient le monarque pour applanir et nettoyer le chemin sur son passage. Le cortège étoit magnifique et avançoit toujours lentement. Venoient après l'Empereur ses ministres et ses principaux courtisans, portés également sur des palanquins d'or; ils étoient suivis de plusieurs bandes de danseurs et de musiciens parés richement et couverts de plumes variées. Douze à quinze mille hommes venoient ensuite en plusieurs divisions : l'or brilloit même dans les armes de ces troupes, qui couvroient la plaine. Les Indiens se précipitèrent en désordre dans les cours du palais. Aussitôt que l'Empereur aperçut les Espagnols, il se leva de dessus sa chaise d'or, et se tournant vers ses gardes et ses principaux officiers, il leur dit : « Ces » étrangers sont en petit nombre, mais un » puissant monarque les envoie : gardez-vous » de les offenser ».

Le crucifix et l'Evangile à la main, le Dominicain Valverde pénètre alors jusqu'à l'Empereur, arrête sa marche, et lui adresse un long discours (1) dans lequel il lui expose tous les mystères de la religion chrétienne. Puis il ajoute : « Le souverain pontife de Rome » a donné, en sa qualité de successeur de

---

(1) Voyez à la fin du volume les pièces justificatives, n°. 1er.

» saint Pierre, tous les pays du Nouveau-
» Monde en partage aux princes et aux rois
» chrétiens, sous la condition de les conquérir.
» Le Pérou étant échu à l'empereur Charles-
» Quint, mon maître, ce monarque envoie le
» gouverneur François Pizarre pour le re-
» présenter ici, et pour vous faire connoître
» sa volonté, qui est celle de Dieu même. Si
» vous embrassez le Christianisme, si vous
» reconnoissez la juridiction du Pape, le
» monarque chrétien qui nous envoie pro-
» tégera vos états et vous laissera jouir de
» l'autorité souveraine; mais si vous osez
» résister, si vous êtes assez imprudent pour
» recourir à la voie des armes, le gouverneur
» François Pizarre vous déclare, par mon
» organe, qu'il vous attaquera, qu'il mettra
» tout à feu et à sang pour vous faire éprou-
» ver les effets de la plus juste et de la plus
» terrible vengeance ».

Cette harangue insolente, inspirée par les
idée dominantes du siècle, et fondée d'ailleurs

sur un prétendu droit à la souveraineté du Nouveau-Monde, fut peu comprise et mal rendue par un interprète ignorant. L'Inca se la fit répéter, et dès qu'il put en saisir le sens, il fut rempli d'étonnement et d'indignation. Il s'efforça néanmoins de se contenir, et répondit avec dignité qu'il tenoit l'Empire de ses ancêtres et le possédoit légitimement, ayant vaincu, d'ailleurs, ceux qui avoient osé méconnoître ses droits; qu'il ne pouvoit concevoir comment un prêtre étranger disposoit d'un pays qui ne lui appartenoit pas; qu'à l'égard du roi d'Espagne, il vouloit bien être son ami, mais non son tributaire; qu'il n'étoit point disposé à renoncer à la religion de ses ancêtres et à cesser d'adorer le soleil, divinité immortelle, pour se vouer au Dieu des Espagnols, qui étoit sujet à la mort. « Du reste, » ajouta l'Inca, où avez-vous appris tout » ce que vous m'avez dit d'abord sur Dieu et » sur la création du monde? — Dans ce livre, » répond Valverde en montrant la Bible ».

Atahualpa le lui demande, en ouvre les feuillets et le porte ensuite à son oreille. « Il se » tait et ne dit rien, reprend l'Empereur, en » jetant le livre avec mépris ». Valverde transporté de colère se tourne alors vers ses compatriotes en leur criant : *Aux armes! aux armes! Vengeance contre ces infidèles!*

Impatient de donner le signal de l'attaque et pouvant à peine contenir ses soldats, Pizarre donne ordre aux trompettes de sonner la charge. Le bruit du canon se fait aussitôt entendre, la cavalerie et l'infanterie fondent, le fer à la main, sur les Péruviens, presque nuds, étonnés d'une si brusque attaque, et effrayés de l'impétuosité des chevaux, du bruit et de l'effet terrible des armes à feu. En vain les gardes de l'Inca cherchent à se rallier autour du palanquin impérial ; le trouble, le désordre et l'effroi ne leur permettent ni d'attaquer, ni de se défendre ; tous se heurtent, s'embarrassent, tombent sous le fer des Espagnols et sont écrasés sous les pieds des chevaux; l'Inca lui-même s'agite et ne peut plus faire entendre sa voix. Le carnage est affreux : princes, ministres, courtisans, officiers, tout ce qui compose la cour d'Atahualpa se laisse égorger. Pizarre, qui veut saisir l'Empereur vivant, perce la foule, marche sur les cadavres, renverse tout ce qui se présente, et parvient, à la tête de son peloton d'élite, jusqu'au palanquin impérial. Là redouble le massacre. Quelques nobles péruviens qui se serrent encore autour du monarque, se dévouent à la mort pour garantir sa personne sacrée ; mais rien ne peut résister à la furie et au fer des Espagnols. Pizarre saisissant lui-même l'Inca, le renverse et le fait prisonnier; alors tout ce qui tient encore se disperse, et la cavalerie poursuivant les fuyards égorge ce qu'elle peut atteindre. Le plus grand nombre, renfermé dans les cours du palais, et voulant se frayer un passage, ébranle par le poids de sa masse une partie des murailles et périt sous leur écroulement ; s'il échappe quelques victimes mutilées, c'est pour être foulées sous les pieds des chevaux. Le carnage ne finit qu'avec le jour. Quatre mille Péruviens restèrent sur la place, et pas un Espagnol ne perdit la vie; Pizarre seul fut légèrement blessé par un de ses soldats nommé Michel Astete, qui aspirant à l'honneur de saisir lui-même l'Inca, l'atteignit le premier, et lui enleva son diadême.

Cet imprudent monarque fut encore plus mal défendu par ses soldats que par ses courtisans ; au lieu de voler à son secours, son général Ruminavi prit aussi la fuite et entraîna l'armée, soit qu'il fût lui-même effrayé par le bruit du canon, soit qu'il méditât dès-lors de profiter de la révolution pour se rendre indépendant: il ne s'arrêta que dans la province de Quito, à deux cent cinquante lieues du champ de bataille. Ainsi deux cents Européens suffirent pour renverser le plus puissant empire du Nouveau-Monde.

Les vainqueurs, qui n'avoient massacré les Péruviens que pour s'emparer de leurs dépouilles, se jetèrent après cette horrible boucherie dans le camp de l'Inca, où ils firent un immense butin qui surpassa même l'idée qu'ils s'étoient faite des richesses du Pérou. Cinq mille Indiennes qui suivoient la cour, se rendirent volontairement aux Espagnols, qui, passant tout-à-coup de l'indigence à la fortune, s'abandonnèrent, pendant la nuit, à l'ivresse de la joie et aux excès de la débauche.

LIVRE II.

Mort de Huáscar-Inca. — Entrée de deux officiers espagnols à Cusco. — Description de cette ville. —Arrivée d'Almagro au Pérou. — Procès et supplice d'Atahualpa. — Défaite et mort de Ruminavi. — Conquête de Quito par Benalcazar.

Toute la famille de l'Inca étoit au pouvoir des Espagnols, et ce prince, chargé de fers, sembloit ne pouvoir plus supporter l'excès de son infortune. Pizarre, craignant de perdre tous les avantages qu'il se proposoit de sa possession, lui fit ôter ses chaînes, et usa même d'artifice en le consolant par de feintes protestations d'estime et d'amitié. Revenu de son abattement, Atahualpa ne tarda point à découvrir que la passion de l'or enflammoit les Espagnols, et s'imaginant que s'il pouvoit la satisfaire, on lui rendroit peut-être la liberté, il proposa pour sa rançon autant d'or que pouvoit en contenir sa prison, longue de vingt-deux pieds et large de seize.

Pizarre et ses officiers l'écoutèrent avec surprise, et n'osèrent se livrer à l'espoir d'arracher à ce monarque captif tant de richesses à la fois ; il lui témoignèrent même des doutes sur la possibilité de réaliser une semblable promesse ; mais l'Inca insista, et traçant lui-même sur le mur de sa prison une ligne jusqu'à la plus grande hauteur où son bras pouvoit atteindre, il prit l'engagement de remplir cet espace de lingots, de vases et d'ornemens d'or et d'argent. Pizarre accepte, détermine le délai, et consent que son prisonnier expédie des officiers péruviens à Cusco, à Quito et dans diverses provinces de l'Empire, afin de rassembler et de faire transporter à Caxamarca cette énorme rançon.

Atahualpa envoie aussi l'ordre de ne point faire de tentatives en sa faveur par la voie des armes, n'espérant plus rien de la force contre des hommes qui sembloient posséder la foudre.

Accoutumés à respecter la volonté de leur monarque, les Péruviens ne firent aucune tentative pour délivrer Atahualpa, et ne s'occupèrent que du paiement de sa rançon. Chaque jour on voyoit arriver à Caxamarca des Indiens chargés d'or et d'argent, et cependant, à l'expiration du délai, Atahualpa n'avoit pu accomplir toute sa promesse. Ainsi l'or qu'il livroit aux regards des Espagnols ne faisoit qu'irriter leur cupidité sans la satisfaire.

Ils en conclurent qu'Atahualpa ne différoit l'entier acquittement de sa rançon, que dans la vue de se donner le temps de rassembler des troupes pour les envelopper et les exterminer. Mais l'Inca, qui ne manquoit pas de pénétration, allégua, pour appaiser les Espagnols, l'abattement de ses sujets, l'étendue de l'Empire, et l'éloignement de Cusco, où se trouvoient la plupart de ses richesses. « Que » craignez-vous? ajouta-t-il, ne suis-je » pas en votre pouvoir? mes femmes, mes » enfans et mes frères ne sont-ils pas autant

» d'ôtages qui vous répondent de ma bonne
» foi? Envoyez vous-mêmes quelques-uns de
» vos chefs à Cusco, il leur suffira de montrer
» mes ordres, de parler en mon nom pour
» s'assurer non-seulement des trésors que je
» vous ai promis, mais encore pour s'en em-
» parer et vous les livrer ».

Les sentimens furent partagés dans le conseil de Pizarre sur cette proposition d'Atahualpa. Comment en effet s'enfoncer isolément dans une région inconnue, couverte d'ennemis, et à deux cents lieues du quartier-général ? Une mission si délicate exigeoit autant de prudence que d'intrépidité. Les capitaines Soto et Pedro de Barco étoient dignes de la remplir : ils s'offrirent, furent aussitôt pourvus d'instruction, et se dirigèrent, accompagnés d'un interprète, vers la ville de Cusco. Ils firent la route avec une étonnante célérité, dans des litières portées par une troupe d'*Ya-naconas*, qui se relevoient tour-à-tour. Partout ils furent reçus avec les honneurs qu'on ren-

doit aux Incas, ou plutôt on les traita par-tout comme des dieux qu'il falloit appaiser. A leur passage à Xauxa, où des officiers d'Atahualpa retenoient son frère Huascar prisonnier, ils voulurent voir ce malheureux prince, qu'ils instruisirent de la défaite d'Atahualpa et des succès de Pizarre; Huascar, étonné, se plaignit d'abord de l'usurpation de son frère et ajouta :
« Puisque vous êtes les maîtres aujourd'hui,
» et que vous voulez faire prévaloir la justice,
» adjugez donc l'Empire à celui qui doit le
» posséder légitimement. Retournez auprès
» du gouverneur Pizarre, et dites-lui de ma
» part que mon indigne frère ne peut payer
» sa rançon qu'en dépouillant les temples;
» que tous les trésors et les pierreries de mon
» père sont encore en mon pouvoir, et que je
» les destine à celui qui me rendra la liberté
» avec la couronne. L'une et l'autre m'ont
» été enlevées par un frère barbare, qui de-
» puis long-temps projette de m'ôter la vie. »
Huascar possédoit en effet les trésors d'Hua-

na-Capac, qui lui étoient échus en partage, et pour que son frère ne pût les découvrir, il avoit eu, dit-on, la précaution cruelle de faire mourir tous ceux qui l'avoient aidé à les cacher. Les deux capitaines espagnols répondirent à Huascar qu'étant liés par leurs instructions, ils ne pouvoient ni interrompre leur voyage, ni revenir sur leurs pas; mais que, touchés de son infortune, ils y auroient égard, et rendroient compte de leur entrevue au gouverneur : « Nous aurons soins, dirent-
» ils, d'appuyer vos droits, votre demande, et
» de faire valoir les avantages que vous propo-
» sez ». Jamais Huascar, depuis sa captivité, n'avoit eu de si justes motifs d'espérance; il osa se flatter de voir enfin tomber ses fers; mais à peine les deux capitaines espagnols furent-ils en route, que les officiers d'Atahualpa qui gardoient Huascar donnèrent avis à l'Inca de l'entrevue qui venoit d'avoir lieu. Atahualpa, naturellement soupçonneux, comprit que s'il ne se hâtoit d'immoler Huascar à

sa sûreté, les Espagnols le lui opposeroient en faveur de ses grandes richesses. Il médite aussitôt de lui ôter la vie, et veut néanmoins sonder le gouverneur, dont il redoute le ressentiment. En conséquence il affecte la plus noire mélancolie; ses yeux se mouillent de larmes; il ne profère plus un seul mot; il refuse même de prendre aucune nourriture. Pizarre s'en inquiète et recherche la cause du désespoir de son prisonnier. Atahualpa ne veut pas d'abord s'expliquer, et paroissant céder enfin, il avoue qu'il a reçu la triste nouvelle qu'un de ses officiers, le sachant prisonnier des Espagnols, avoit massacré son frère Huascar; il assure que cette perte lui est d'autant plus sensible, qu'il n'avoit jamais cessé d'avoir pour Huascar la tendresse d'un frère; que s'il a été contraint malgré lui de le combattre et de le faire prisonnier, ce n'étoit point pour le dépouiller de l'Empire, ainsi que le prétendoient ses ennemis; mais seulement pour l'obliger à lui laisser la paisible jouissance du royaume de Quito,

suivant la dernière volonté de leur père commun. Pizarre s'empresse de consoler Atahualpa. « La perte d'un frère injuste, lui dit-
» il, doit-elle être un si grand sujet d'afflic-
» tion? et la mort ne nous range-t-elle pas tous
» sous une loi commune? Quel avantage les
» hommes ont-ils, à cet égard, les uns sur les
» autres? Mourir plus tôt ou plus tard, n'est-
» ce pas à-peu-près égal? Cessez donc de vous
» désoler inutilement; je vous promets d'ail-
» leurs de prendre d'exactes informations con-
» tre ceux qui ont eu part à ce crime, et de les
» faire punir dès que la paix et la tranquillité
» seront rétablies dans cet Empire ». Atahualpa
s'applaudit en secret d'un artifice qui, écartant
de lui les soupçons, révèle les dispositions de Pizarre. Il expédia aussitôt aux officiers qui gardoient Huascar l'ordre de le mettre à mort.
Quand ce malheureux prince vit ses bourreaux
prêts à se jeter sur lui pour l'étrangler, il s'écria :
« J'ai régné peu de temps, mais le traître qui
» m'ôte la vie, quoique je sois son frère et son

5.

» roi légitime, ne possédera pas l'Empire plus
» long-temps que moi ». Cette prédiction recueillie par ses partisans, ne tarda point à se vérifier.

L'ordre qui prescrivoit le meurtre d'Huascar fut exécuté avec tant de promptitude, qu'à peine pût-on s'assurer depuis si la douleur simulée d'Atahualpa avoit précédé ou suivi la mort de son frère. Les Espagnols regrettèrent Huascar, parce qu'il emportoit avec lui le secret dont la connoissance étoit nécessaire pour découvrir ses trésors. Ils les recherchèrent à diverses époques avec opiniâtreté, fouillant, creusant en différens endroits, mais toujours en vain. Dans leur dépit, ils imputèrent cette perte irréparable aux capitaines Soto et Pedro de Barco, qui n'étoient point revenus au quartier-général pour y porter les propositions d'Huascar, regardant comme une faute qu'ils n'eussent point sacrifié leurs instructions au desir de s'emparer sur-le-champ du plus riche trésor qui eût jamais existé sur la terre.

Ces deux officiers arrivèrent enfin à Cusco, où tout devint pour eux un sujet d'étonnement et d'admiration. Ils furent également frappés de l'étendue, de la magnificence et de la population de cette ville impériale, séjour des Incas.

Cusco, situé dans le haut Pérou, à cent vingt lieues de la mer, s'élevoit sur le penchant de plusieurs collines. Divisé en autant de quartiers qu'il y avoit de nations incorporées à l'Empire, chaque peuple y suivoit librement ses anciens usages; mais tous devoient adorer le soleil, principale divinité des Péruviens. Son temple, bâti sur une grande place qui lui étoit consacrée, se faisoit remarquer autant par son étendue que par ses richesses; on y avoit prodigué tous les métaux précieux; ses murailles revêtues de plaques et de lames d'or, réfléchissoient et multiplioient les rayons de l'astre dont elles recevoient l'éclat. On voyoit à Cusco un grand nombre de palais, chaque monarque du Pérou étant dans l'usage d'en faire bâtir un, auquel il donnoit son nom. Toutes ces maisons royales étoient à l'orient de la petite rivière de Quatanay, qui arrosoit et partageoit la ville, la plupart ornées de voûtes élevées, de dômes et de flèches où brilloient l'or et l'argent. Telle étoit la magnificence des Incas que leurs jardins offroient l'imitation de plusieurs sortes de fleurs, de plantes, d'arbustes et même d'animaux en or et en argent. A l'occident du Quatanay, on trouvoit la grande place des réjouissances, ainsi nommée parce qu'elle servoit aux cérémonies et aux fêtes nationales. Au nord s'élevoit cette fameuse citadelle, ceinte d'une triple muraille construite avec des pierres si énormes, si irrégulièrement taillées, et pourtant si bien jointes, qu'on ne peut comprendre encore aujourd'hui, qu'il n'en reste que des ruines, comment a pu les y placer un peuple auquel le fer, l'acier et les machines étoient inconnus. Les Incas qui érigèrent cette forteresse étonnante, avoient dessein d'environner toute la montagne d'un semblable rempart, pour la rendre imprenable. Telle étoit la ville impériale de Cusco : les deux capitaines espagnols la traversèrent en palanquin suivis d'une foule d'Indiens accourus de tous les côtés pour leur prodiguer des marques de soumission et de respect. Le peuple et les *Curacas* ou grands de l'Empire, firent éclater à l'envi des transports mêlés de crainte et d'admiration. Les rues étoient jonchées de fleurs. Des festins, des danses, des réjouissances publiques se succédèrent pour honorer ces étrangers, dont l'imagination des Péruviens exagéroit la puissance. Ils dictèrent des lois, et s'emparèrent de toutes les richesses qu'on étaloit à leurs yeux ; mais l'or ayant été bientôt soustrait à leur avidité, ils demandèrent, sous prétexte de completter la rançon d'Atahualpa, les lames de ce métal dont les murailles du temple du soleil étoient revêtues. Les prêtres et le peuple les refusèrent dans la crainte d'outrager les dieux ; mais les deux Espagnols les arrachèrent de leurs mains, et dépouillèrent ainsi le temple du soleil de ses plus riches ornemens. Les Péruviens, quoiqu'indignés, n'osèrent s'opposer à ce sacrilége.

Encouragé par cet heureux début, Pizarre crut qu'il étoit temps d'achever sa conquête, et il fit partir de Caxamarca plusieurs petits détachemens pour les provinces éloignées de l'Empire. Par-tout les Espagnols furent reçus avec le même respect et la même soumission. Ces expéditions partielles avoient aussi pour objet de reconnoître l'intérieur du Pays. Le gouverneur n'eût pourtant pas osé disperser ainsi ses forces sans l'arrivée à Saint-Michel de Piura, de Don Diego d'Almagro, avec un renfort qui doubloit le nombre des soldats espagnols.

La nouvelle du débarquement de Don Diego allarma l'Inca prisonnier. Il avoit espéré que cette poignée d'ennemis qui le retenoit captif finiroit par succomber; en se succédant ils menaçoient au contraire d'envahir tout l'Empire. D'où venoit d'ailleurs ces étrangers intrépides, et comment arrivoient-ils au Pérou? C'est ce qu'ignoroit Atahualpa: il ne vit plus dans les Espagnols que des êtres surnaturels auxquels rien n'étoit capable de résister, et qu'on ne pouvoit même plus satisfaire avec de l'or.

Il pressoit néanmoins ses sujets de payer sa rançon; mais la mort d'Huascar avoit achevé de diviser les Péruviens, et à l'arrivée d'Almagro, les partisans d'Atahualpa, malgré leurs efforts, n'avoient encore apporté à Caxamarca qu'une partie des richesses promises aux vainqueurs. Ces monceaux d'or et d'argent qu'on étaloit aux yeux des compagnons d'Almagro les éblouirent; accumulés chaque jour, ils enflammoient de plus en plus leur cupidité. D'un autre côté, les soldats de Pizarre, qui redoutoient un partage égal, brûloient d'impatience de posséder ce riche butin à l'exclusion des soldats d'Almagro, qui n'y avoient aucun droit. Un déchirement dans l'armée paroissoit inévitable, et Pizarre ne fit que le retarder en ordonnant de fondre tout l'or qui étoit au camp des Espagnols. On mit seulement en réserve quelques ouvrages précieux et artistement travaillés qu'on destinoit à Charles-Quint. Ensuite on préleva la part due au gouvernement, et une gratification considérable que Pizarre fit distribuer aux compagnons d'Almagro. Le gouverneur s'attribua tout le reste, qui s'élevoit à quatre millions cinq cent mille livres, somme énorme pour ce temps-là, et qui monteroit aujourd'hui à plus de quarante millions. La répartition de ces riches dépouilles, arrachées par la violence et la perfidie à une nation foible et surprise, se fit sous les auspices de la religion et d'une manière solennelle : mélange déplorable de ce qu'il y a de plus odieux et de plus sacré parmi les hommes ! Chaque fantassin espagnol eut pour sa part soixante mille francs, et chaque cavalier quatre-vingt mille. La gratification des officiers fut réglée d'après leur grade. La mort ayant frustré Fernand de Lucques de ses droits sur les richesses enlevées aux Péruviens, il ne sera plus question de lui dans cet ouvrage.

La plupart des soldats de Pizarre, qui passèrent de la misère à l'opulence, voulurent jouir sur-le-champ des faveurs de la fortune : ils insistèrent pour avoir leur congé. Pizarre, ne comptant plus sur de pareils soldats, espérant d'ailleurs que l'exemple de leur fortune rapide attireroit un plus grand nombre d'aventuriers sous ses drapeaux, permit à soixante d'entr'eux de retourner librement en Espagne. Ils y accompagnèrent son frère, Fernand, qu'il y envoyoit avec une pompeuse relation de ses succès, et de riches présens pour Charles-Quint.

Dès qu'on eut partagé sa rançon, Atahualpa somma les Espagnols de lui rendre la liberté; mais rien n'étoit plus éloigné des intentions de Pizarre : il n'avoit cherché qu'à tromper ce prince par de fausses espérances, afin de s'emparer plus facilement de ses trésors, et d'arriver sans obstacles à la conquête entière du Pérou. Pizarre allégua d'abord que toutes les sommes qui venoient d'entrer en partage ne faisoient pas la cinquième partie de ce qu'avoit promis l'Inca. Il motiva ainsi le refus de sa liberté. Peut-être avoit-il déjà résolu de lui ôter la vie.

En s'assurant de la personne de ce prince, il avoit eu sans doute les mêmes vues que Cortez quand il s'empara de Montezuma ; mais Pizarre n'avoit ni la flexibilité de caractère ni même les talens de Cortez ; il ne put donc imiter qu'imparfaitement son plan d'invasion et de politique. Le conquérant du Pérou regardoit d'ailleurs les Indiens comme des êtres d'une nature inférieure qui ne méritoient ni le nom ni les égards dûs à l'humanité. Ces considérations, et quelques circonstances imprévues que je dois rapporter ici, avancèrent la mort d'Atahualpa.

Les compagnons d'Almagro et ce capitaine

lui-même n'étoient point satisfaits; il demandoient un partage égal des richesses du Pérou, quoique Pizarre leur eût accordé une gratification considérable. Ces débats aigrirent les esprits. « Tous ces trésors, disoient les sol-
» dats de Pizarre, proviennent de la rançon
» de l'Inca, et sont le fruit de nos efforts et
» des dangers que nous avons bravés. Nous
» seuls avons vaincu ce monarque, seuls
» nous l'avons fait prisonnier, sans que ceux
» de nos compatriotes qui suivent Don Diego aient partagé nos fatigues et nos périls.
» Quels sont donc leurs droits à un partage
» égal ? En est-il parmi eux qui puisse justement y prétendre ?

Les soldats d'Almagro comprirent alors que le parti de Pizarre vouloit s'attribuer toutes les richesses qui seroient amassées, comme faisant partie de la rançon de l'Inca, et ils demandèrent ouvertement sa mort pour n'être plus frustrés de leur portion dans le butin. L'interprète Philippillo seconda leurs vues.

Cet Indien, vil instrument de Pizarre, jouissoit, à la faveur de ses fonctions, d'un libre accès auprès d'Atahualpa; il en abusa bientôt, et conçut, malgré la bassesse de sa naissance, un fol amour pour une des femmes de ce monarque. Philippillo employa tout ce que la ruse et la méchanceté peuvent suggérer de plus infâme pour séduire cette princesse, qui étoit de la race des *Coya* ou filles du soleil. Ne voyant aucune apparence de satisfaire sa passion tant que l'Inca vivroit, il s'efforça de le rendre suspect à Pizarre, et prétendit qu'il avoit secrètement donné des ordres pour faire soulever les provinces éloignées.

Atahualpa lui-même accéléra sa malheureuse destinée. Frappé continuellement de la supériorité des Européens sur ses sujets, il s'étonnoit sur-tout des avantages que leur donnoit la connoissance de la lecture et de l'écriture; ne pouvant y rien comprendre, il voulut s'assurer si ces talens étoient naturels ou acquis. En conséquence il dit à un des soldats espagnols qui le gardoient de lui écrire sur l'ongle du pouce le nom du soleil. Il demande ensuite à chaque soldat séparément l'explication de ce mot : tous s'accordèrent sans hésiter. L'Inca, étonné, court montrer ce même mot à Pizarre, qui ne sachant ni lire ni écrire, rougit et confesse son ignorance. Dès-lors Atahualpa ne vit plus dans Pizarre qu'un aventurier sorti du néant, qu'un chef moins éclairé que ses soldats, et, ne sachant point dissimuler, il humilia son orgueil. Dans son ressentiment Pizarre ordonna sa mort.

Cet acte inique fut d'autant plus révoltant, qu'on lui donna des formes légales. Atahualpa étoit prisonnier depuis trois mois, quand Pizarre érigea un tribunal pour le juger. Sur des dépositions concertées, il le fit accuser d'avoir non-seulement usurpé l'autorité royale sur Huascar, son frère et son souverain légitime, mais encore de l'avoir fait assassiner ; d'avoir ordonné en outre des sacrifices de victimes humaines ; d'avoir dissipé pour son propre usage et depuis son emprisonnement une partie des revenus de l'Empire, quoiqu'ils appartinssent de droit aux conquérans espagnols; et enfin d'avoir excité ses sujets à la désobéissance et à la révolte. Des témoins à décharge se présentèrent et furent entendus; mais leurs réponses reçurent du traître Philippillo une odieuse interprétation. Les juges dévoués à Pizarre prononcèrent qu'Atahualpa étoit coupable, et le condamnèrent à être brûlé vif. Ce malheureux prince n'ayant plus ni espoir ni fermeté, eut recours aux promesses, aux larmes, aux prières; il supplia Pizarre de l'envoyer en Espagne pour que Charles-Quint prononçât lui-même sur son sort. C'étoit l'avis de plusieurs officiers espagnols qu'animoient encore le sentiment de la justice et l'honneur castillan. Ce parti d'opposition comptoit plusieurs gentilshommes aussi distingués par leur naissance que par leurs services, tels que François et Diego de Chaves, Pedro de Mendosa, François de Fuentes, Juan d'Herrada, Fernand de Haro, et beaucoup d'autres dont les noms méritent d'être tirés de l'oubli. Tous protestèrent contre une sentence qui déshonoroit le nom espagnol, qui n'étoit qu'une violation de la foi publique, et une usurpation de juridiction sur un monarque indépendant. Mais l'honneur ne put l'emporter sur l'inflexibilité de Pizarre : son avis entraîna le plus grand nombre, toujours disposé à légitimer une injustice quand elle est fondée sur la force et la politique.

L'Inca touchoit au moment de subir sa terrible sentence, quand l'aumônier Valverde lui promit de la faire mitiger s'il embrassoit le Christianisme. L'effroi soumit ce Prince à la volonté de ses bourreaux : il reçut le baptême, fut immédiatement attaché à un poteau et étranglé.

Atahualpa eut de grandes qualités et de grands vices ; ses manières étoient nobles, son air prévenant et affable, son esprit pénétrant, son courage éprouvé; mais l'ambition le rendit fourbe et sanguinaire. Il osa, le premier, verser le sang des Incas ou enfans du soleil : exemple funeste qui dissipa le prestige auquel étoit attaché le respect des Indiens pour cette race sacrée. C'est à son usurpation et aux déchiremens qui en furent la suite, qu'on doit principalement attribuer la chute du trône péruvien. Sous un Prince aimé de ses sujets, et fort de l'ascendant des lois, cet Empire eût peut-être résisté à une poignée d'Espagnols, qui durent leurs succès bien plus à d'heureuses circonstances qu'à la force des armes.

La mort des deux Incas leur livroit le Pérou; nul n'étoit plus assez puissant pour le défendre ou pour le disputer. Au lieu de se réunir, les Indiens des deux partis opposés ne cherchèrent qu'à se nuire, servant à l'envi les Espagnols pour se les rendre favorables. La plupart des capitaines d'Atahualpa, qui n'attendoient que ses ordres pour agir, licencièrent leurs troupes à sa mort. Deux seulement résistèrent, mais par ambition, voulant s'arroger une autorité indépendante. L'un étoit ce même Ruminavi qui, devenu le complice et le ministre sanguinaire des cruautés d'Atahualpa, l'avoit ensuite abandonné sans combattre pour se jeter dans Quito et y établir sa domination. L'autre, nommé Quizquiz, devoit son élévation à son mérite. Habile général et l'un des principaux favoris d'Atahualpa, il avoit rassemblé un corps de troupes près de Cusco pour voler à son secours. Quizquiz ignoroit encore la mort de l'Inca quand il se mit en marche. De son côté, Pizarre, qui vouloit se rendre maître de la capitale du Pérou, avoit pris la route de Cusco à la tête de sa petite armée. A peine fût-il sorti de Caxamarca que le prince Illescas, frère d'Atahualpa, et quelques officiers péruviens, se hâtèrent d'exhumer le corps de l'Inca pour le transporter à Quito dans la sépulture de ses ancêtres, selon sa dernière volonté. Ils s'occupèrent peu de la pompe funèbre, car les malheurs de l'Empire tenoient tous les esprits abattus. A la nouvelle de l'approche du cortège, Ruminavi ordonna des préparatifs pour recevoir et ensevelir le corps de son roi, se soumettant en apparence aux volontés d'Illescas. Ce prince venoit de refuser le bandeau royal, et de reconnoître les droits de Manco, frère d'Huascar. L'ambitieux Ruminavi crut qu'il étoit temps de se frayer un chemin au trône, et il s'en ouvrit à-peu-près en ces termes à ses plus intimes confidens.

« L'astre du jour que nous adorons cesse-
» t-il donc de protéger cet Empire, et ses
» enfans seroient-ils voués au malheur? Qui
» régnera désormais? Faut-il, d'après tant
» d'exemples, d'autres droits qu'une usur-
» pation heureuse? Oter la vie avec l'Empire
» au possesseur légitime est maintenant l'ac-
» tion d'un brave; c'est ainsi qu'en a usé
» Atahualpa envers son frère Huascar, et
» c'est ainsi que viennent d'en agir les Es-

» pagnols envers Atahualpa. Et pourquoi
» n'imiterois-je pas leur audace ? Tout m'an-
» nonce que je serai plus heureux qu'Ata-
» hualpa. Quito redemande un roi indépen-
» dant, et je me sens assez de valeur pour
» régner par la force, si vous voulez me se-
» conder ».

Tous ses amis le lui promirent. Alors Ruminavi, dissimulant ses projets, reçut avec déférence les capitaines et les curacas qui portoient le corps d'Atahualpa. Il abrégea néanmoins la cérémonie funèbre pour ne point laisser échapper l'occasion qui mettoit en son pouvoir les fils, le frère et les principaux officiers de ce prince : tous étoient unis et pouvoient en un moment renverser ses desseins. Ruminavi les rassemble au palais royal de Quito, leur propose d'agir contre les Espagnols, et de nommer un régent jusqu'à ce que le fils aîné d'Atahualpa eût atteint sa majorité; il passe ensuite à d'autres propositions pour ne s'arrêter sur aucune. Un festin somptueux, étoit préparé par ses ordres : tous les convives s'y rendent. Pendant le repas, Ruminavi fait servir en abondance une liqueur forte nommée *sora*, et dont les anciens Incas avoient autrefois défendu l'usage. Les convives, que ne retenoit plus aucun frein, en burent avec excès, et perdirent bientôt la raison et le sentiment. Alors le traître Ruminavi donna lui-même le signal, et les fit tous égorger sous ses yeux. A l'horreur d'un tel massacre se joignit la mort cruelle du prince Illescas, frère d'Atahualpa. Les satellites de Ruminavi l'écorchèrent tout vif, et eurent ordre de faire un tambour de sa peau.

Ne pouvant compter sur l'obéissance volontaire du peuple de Quito, Ruminavi vouloit se rendre redoutable par la terreur, et se faire un royaume à part pour lui-même. Sa tyrannie fut de courte durée, le capitaine Sébastien Benalcazar étant venu fondre sur lui. Cet officier hardi et intelligent, l'un des compagnons de Pizarre, commandoit à Saint-Michel de Piura. Honteux de son inaction, et voulant se distinguer, il profita d'un renfort qui arrivoit de Panama ; laissa un corps suffisant pour protéger Saint-Michel et se mit en marche sans instructions, avec deux cents Espagnols et une troupe d'Indiens auxiliaires. Il espéroit trouver à Quito la plus grande partie des trésors d'Atahualpa. Informé de son approche, Ruminavi rassemble dix mille Indiens, et veut lui disputer le passage. Malgré la distance qui séparoit Saint-Michel de Quito, et les difficultés qu'offroit un pays montagneux et couvert, malgré les fréquentes attaques de Ruminavi, Benalcazar surmonta tous les obstacles et entra victorieux à Quito; mais il ne trouva point les trésors pour lesquels il avoit affronté tant de dangers. Se voyant pressé par un ennemi redoutable, Rumihavi avoit fait d'abord étrangler toutes ses femmes pour qu'elles ne tombassent point au pouvoir des vainqueurs; et, après avoir mis le feu au palais royal des Incas, il avoit pris la fuite, emportant toutes les richesses de Quito. Poursuivi par les Espagnols et abhorré des Indiens, cet homme sanguinaire se réfugia sur des montagnes inhabitées où il périt bientôt misérablement. Benalcazar s'affermit dans sa conquête et devint gouverneur de Quito.

Ainsi fut réuni à la monarchie espagnole, ce domaine des Incas, vaste pays dont le centre est une vallée de quatre-vingts lieues de long sur quinze de large, formée par deux branches des Andes. C'est une des plus belles contrées du monde : on y jouit d'un printemps perpétuel. L'action du soleil et l'humidité s'y balancent et s'y combinent tellement, que les productions de la nature s'y succèdent sans interruption. On y voit des arbres toujours couverts de feuilles vertes, de fleurs, et chargés de fruits délicieux.

LIVRE III.

Avantages remportés par Quizquiz, général péruvien. — Convention de Caxamarca. — Entrée de Pizarre à Cusco. — Couronnement de Manco-Inca. — Expédition de don Pédro d'Alvarado. Mort de Quizquiz et dispersion de son armée. — Origine des dissentions entre Almagro et Pizarre. — Expédition d'Almagro au Chili. — Fondation de Lima. — Arrestation de Manco-Inca.

Tandis que Benalcazar soumettoit le royaume de Quito, Almagro et Pizarre marchoient vers la capitale du Pérou. Le parti d'Atahualpa y dominoit encore. Quizquiz, l'un de ses généraux, y avoit rassemblé douze mille Indiens, et s'avançoit vers Caxamarca pour combattre Pizarre : ainsi les deux armées ne pouvoient s'éviter. Instruit par ses coureurs de l'arrivée des Espagnols, Quizquiz les tourne à la faveur des montagnes, fond sur leur arrière-garde et la disperse.

Pizarre fait partir aussitôt sa cavalerie pour arrêter les Indiens, s'imaginant que l'aspect seul des chevaux les feroit fuir comme à Caxamarca; mais Quizquiz avoit déjà gagné les montagnes où les chevaux ne pouvoient le suivre; ensuite il fondit de nouveau sur les Espagnols et les défit complètement. Soixante Indiens auxiliaires et dix-sept Espagnols restèrent sur le champ de bataille. Cette victoire étoit d'autant plus éclatante pour les Péruviens, qu'ils avoient fait une vingtaine de prisonniers espagnols, entr'autres François de Chaves, Fernand de Haro, et Sanchez de Cuellar. Ce dernier avoit particulièrement contribué à la mort d'Atahualpa. Quizquiz n'attendit point que le gros de l'armée de Pizarre vînt lui arracher le prix du courage: il gagna par des sentiers détournés la route de Caxamarca, passa la rivière, et brûla le pont pour ôter à l'ennemi la possibilité de le poursuivre. Dans sa marche il rencontra le prince Titu, qui portoit de l'or aux Espagnols pour la rançon de son frère

Atahualpa : il le croyoit encore dans les fers. Quizquiz l'entraîna sans peine pour décider ensemble, à Caxamarca, ce qu'il conviendroit d'entreprendre. Ils arrivèrent dans cette ville avec leurs prisonniers qu'ils menoient en triomphe. Des Indiens accourus de toutes parts, leur racontèrent la fin malheureuse d'Atahualpa; Titu en fut consterné. Quizquiz et ses officiers tinrent conseil, et résolurent de reconnoître Manco, frère d'Huascar, pour Empereur.

Atahualpa n'existant plus, Quizquiz changeoit de politique selon l'événement, et en remettant l'empire à l'héritier légitime, il espéroit s'assurer la faveur et conserver le commandement de l'armée. Cependant Titu pressoit Quizquiz de tirer vengeance de la mort d'Atahualpa. Ce chef péruvien en rechercha les auteurs, et trouva que Sanchez de Cuellar avoit servi de greffier, signifié la sentence, et assisté à l'exécution; que d'un autre côté les prisonniers François de Chaves et Fernand de Haro, avoient non-seulement opiné en faveur d'Atahualpa, mais compromis leur propre liberté pour le sauver. D'après ces informations, Quizquiz et Titu décidèrent que Sanchez de Cuellar porteroit seul la peine encourue par tous les Espagnols qui avoient participé à la mort de l'Empereur, et que les autres prisonniers, grace à la conduite généreuse de François de Chaves, seroient renvoyés à Pizarre avec des présens et des propositions de paix.

Cuellar, qu'on avoit d'abord jeté dans la même prison où avoit été renfermé l'Inca, fut traîné sur la place publique, et pendu au même poteau où l'on avoit étranglé ce prince: son corps y resta un jour entier; les Péruviens creusèrent ensuite une fosse où ils l'enterrèrent, imitant par représailles tout ce qui s'étoit fait à la mort d'Atahualpa.

Cette exécution terminée, Titu et Quizquiz mandèrent François de Chaves et tous les prisonniers, pour leur signifier qu'ils étoient libres, et qu'ils pouvoient retourner auprès de Pizarre, et lui proposer la paix, à condition que tous les outrages et actes d'hostilité qui avoient eu lieu entre les Péruviens et les Espagnols, seroient oubliés de part et d'autre; qu'on ne contesteroit point la couronne à Manco, frère d'Huascar, à qui elle appartenoit de droit; que tous les Indiens faits prisonniers seroient mis en liberté, et qu'on ne pourroit désormais exiger d'eux que des services volontaires; que les lois des Incas porteroient défense de troubler l'exercice de la religion catholique, et que dans toutes leurs relations, les deux peuples se considéreroient comme alliés et amis.

Ces articles ayant été réglés par la voie des interprètes, François de Chaves et ses compagnons reçurent de riches présens, et furent reconduits et escortés par une troupe d'Indiens, qui les portèrent tour-à-tour sur leurs épaules.

Les prisonniers espagnols, dont quelques-uns ne devoient la guérison de leurs blessures qu'aux soins des vainqueurs, quittèrent Caxamarca, persuadés qu'un traitement si généreux et des conditions si justes, ne pouvoient venir d'un peuple barbare, mais d'une nation bienveillante et civilisée, digne enfin de servir de modèle aux nations de l'Europe.

Le prince Titu, inconsolable de la mort de son frère, expira de douleur; Quizquiz resta maître de l'armée. Il dépêcha des courriers à Manco, frère d'Huascar, pour lui donner connoissance de la convention de Caxamarca, et pour l'inviter à ne point congédier ses troupes, et à se défier des Espagnols. Ce prince venoit d'être proclamé Inca régnant par les habitans de Cusco et des environs; il vit avec joie son titre universellement reconnu; mais il ne savoit encore ce qu'il pouvoit espérer des Espagnols, et s'ils lui permettroient de régner. Telle étoit la situation intérieure du Pérou, quand Pizarre, qui n'avoit pas cru devoir pousuivre Quizquiz, parut à la vue de Cusco. Une épaisse fumée couvroit cette capitale, ce qui fit croire aux Espagnols que les Indiens y avoient mis le feu. Pizarre détacha de la cavalerie pour tâcher d'arrêter l'incendie; mais cette fumée n'étoit qu'un signal convenu pour avertir les Indiens de l'approche des Espagnols.

Les habitans de Cusco avoient pris les armes sous la conduite de Manco, devenu l'unique espoir de la race des Incas. Dans une sortie vigoureuse ils attaquèrent la cavalerie espagnole, et l'accablèrent d'une grêle de traits et de pierres. Ne pouvant soutenir le choc de cette multitude, les Espagnols battirent en retraite et joignirent le gros de l'armée. Pizarre fit charger de nouveau les assaillans par ses frères Juan et Gonzale, à la tête de toute sa cavalerie. Attaqués en flanc du côté des montagnes, les Péruviens furent mis dans une déroute complète et poursuivis jusque sous les murs de Cusco. Pizarre n'y entra point de nuit, dans la crainte d'une surprise ; il rallia seulement sa troupe et la tint sous les armes. Les habitans abandonnèrent la ville avant le jour, et se réfugièrent dans les montagnes, emportant ce qu'ils avoient de plus précieux.

Le lendemain, à la pointe du jour, Pizarre ne trouvant aucune résistance, pénètre dans Cusco, qu'il livre au pillage. L'avide Espagnol détache d'abord les plaques d'or et d'argent des murailles des temples, puis il enlève les idoles et tous les ornemens qui représentent les astres ; il fouille ensuite les tombeaux, et s'empare des vases précieux que les Péruviens y avoient cachés, les y croyant à l'abri d'une main sacrilége. Quoique les habitans de Cusco eussent emporté une grande partie de leurs richesses, celles qu'y trouvèrent les Espagnols excédoient la rançon d'Atahualpa ; mais un plus grand nombre de soldats étoit appelé au partage, et aucun n'en fut satisfait. Pizarre établit son quartier-général dans le palais de l'Inca *Virachoca*, et, pour repeupler la ville il partagea les prisonniers indiens entre tous les Espagnols qui voulurent y fixer leur résidence. Le plus grand nombre préféra retourner en Espagne pour jouir en repos des dépouilles du Pérou ; mais d'autres aventuriers arrivoient en foule de Panama et de Nicaragua dans un pays qui leur étoit ouvert comme une mine inépuisable. Maître de la capitale du Pérou, n'ayant plus devant lui aucun ennemi dangereux, Pizarre vit, avec une secrette satisfaction, l'esprit de discorde et d'anarchie s'introduire dans l'empire des Incas ; leur gouvernement s'écrouloit, et il pouvoit espérer enfin de s'élever sur ses ruines. Il étoit libre d'approuver ou d'éluder la convention de Caxamarca, que lui apportèrent les prisonniers espagnols renvoyés par Quizquiz, le seul de tous les chefs indiens qui parût avoir encore une armée. Pizarre détacha contre lui le capitaine Soto pour l'observer et lui interdire toute communication avec le parti de Manco. Ce prince venoit de se réfugier dans les montagnes, et n'avoit autour de lui qu'une multitude sans ordre et découragée. Il ne jouissoit plus d'ailleurs de toute l'autorité des anciens Incas. La crise violente qu'éprouvoit l'Empire étoit telle qu'il n'y avoit plus ni frein ni lois ; dans plusieurs provinces les Péruviens étoient armés les uns contre les autres. Ruminavi pouvoit avoir des imitateurs, et les suites de sa révolte inquiétoient le nouvel Inca. Il n'osoit même compter sur la fidélité non encore éprouvée de Quizquiz, dont l'ambition lui étoit connue. Manco partageoit d'ailleurs le préjugé des Péruviens à l'égard des Espagnols, qu'ils regardoient comme une race au-dessus de l'espèce humaine. Ce prince hésita sur le parti qu'il avoit à prendre, et résolut enfin d'aller réclamer lui-même auprès de Pizarre l'exécution du traité de Caxamarca et son rétablissement sur le trône de ses ancêtres. Mais devoit-il se présenter désarmé ou à la tête de ses troupes ? Cette question fut agitée dans le conseil de l'Inca. Les avis se trouvant partagés, Manco

prit la parole et s'exprima, dit-on, en ces termes. « Mes enfans, mes frères, mes su-
» jets, je suis déterminé à demander jus-
» tice en personne à ces étrangers, qu'on
» croit être descendus, comme nous, du
» grand *Viracocha*. Qu'ils soient ou non
» les vrais fils du soleil, du moins est-il cer-
» tain qu'à leur entrée dans cet Empire ils
» ont manifesté l'intention d'y rétablir la jus-
» tice. Ne se sont-ils pas montrés dignes de
» leur mission en infligeant une punition
» terrible au cruel usurpateur qui, tout cou-
» vert du sang des Incas, venoit d'arracher
» la couronne et la vie à mon malheureux
» frère Huascar? Pourquoi resterions-nous
» encore armés? Des prisonniers ont déjà
» été renvoyés de part et d'autre; il existe
» même un traité dont je veux demander
» l'exécution. Entouré de pièges et d'ennemis
» cachés, comment pourrai-je relever l'em-
» pire des Incas, si je ne me rends pas les
» Espagnols favorables? N'exigeons point de

» qu'on peut nous refuser : il ne faut qu'un
» prétexte aux hommes puissans pour rejeter
» les plus justes demandes. Présentons-nous
» sans armes comme des amis et des frères ;
» offrons à ces redoutables étrangers ce que
» nous avons de plus précieux en or, en ar-
» gent, en pierreries, en fruits et en gibier.
» C'est par des présens que nous appaisons
» les dieux irrités, que nous faisons tomber
» la foudre de leurs mains. Ces étrangers sont
» également armés de la foudre; demandons-
» leur de se rendre à nos vœux et d'être nos
» amis. Si je ne puis me montrer avec toute
» la pompe de mes ancêtres, du moins ne
» trahirai-je pas le sentiment de ma dignité;
» je paroîtrai armé de ce noble courage qui
» caractérise les vrais enfans du soleil. Puisse
» le grand Manco-Capac, de qui je descends,
» guider mon inexpérience et protéger mes
» jours » !

Le jeune prince prononça ces derniers
mots d'un ton si touchant que tous les Cura-

cas et officiers de l'Empire en furent attendris.

Il partit aussitôt, accompagné du petit nombre de ses parens qui avoient échappé à la tyrannie d'Atahualpa. Prévenu de son arrivée, Pizarre envoya un détachement à sa rencontre, monta lui-même à cheval pour aller au-devant du prince, et mit pied à terre dès qu'il l'aperçut. L'Inca descendit de son palanquin et s'approcha de Pizarre. Philippillo, qui servoit habituellement d'interprète, étant alors avec Almagro, cette première entrevue se passa uniquement en signes réciproques de bienveillance et d'amitié. Les Espagnols se pressoient autour de l'Inca, dont ils admiroient les manières nobles. La jeunesse et la vigueur brilloient dans tous les traits de Manco, et il montra du discernement dans la manière dont il prodigua aux officiers et aux soldats espagnols des présens et des attentions délicates suivant leurs grades. La cavalerie ayant remonté à cheval, l'Inca se remit dans son palanquin avec le gouverneur, qui lui céda la droite. Juan et Gonzale Pizarre précédoient; il y avoit aussi une arrière-garde; chaque soldat étoit à son rang. Vingt-quatre lanciers espagnols servirent d'escorte, ce qui passa pour une déférence chez les Indiens. Le cortège traversa la ville aux acclamations des habitans qui rentroient en foule à la suite de l'Inca. Ils faisoient éclater leur joie par des danses, par des chants à la louange du prince et à l'honneur des Espagnols. Pizarre conduisit Manco dans le palais d'Huana-Capac, et lui donna une garde. Ce prince, trompé par toutes ces marques de distinction, crut tenir l'Empire, tandis qu'il n'étoit réellement que le prisonnier de Pizarre, qui se jouoit de sa crédulité.

Il falloit cependant répondre à ses réclamations et ménager les habitans de Cusco dont il étoit l'idole. Pizarre rassembla ses frères, ses officiers et tint conseil. On ouvrit des avis différens au sujet de l'Inca; quelques Espagnols gagnés par ses manières affables et plus encore par ses présens, opinèrent en sa faveur. Pizarre crut tout concilier en lui accordant les marques de la royauté sans aucune prérogative : il savoit que c'est par des signes extérieurs qu'on éblouit les hommes. Le lendemain les trompettes sonnent dans toute la ville, le tambour rassemble les Espagnols et les Péruviens, la foule se presse sur la grande place de Cusco. Pizarre paroît à la tête de sa cavalerie, met pied à terre, prend l'Inca par la main, le présente au peuple et ceint son front du bandeau royal. Des cris de joie se font entendre de toutes parts; ce vain simulacre en impose aux Indiens et satisfait l'Inca.

Ce jour fut le seul jour heureux de sa vie; la tyrannie d'Atahualpa lui avoit déjà fait connoître le malheur, et le reste de sa carrière ne fut depuis qu'un tissu d'infortunes.

Ainsi l'heureux Pizarre disposoit à son gré de la couronne d'un Empire qui ne lui appartenoit pas. Il ne lui restoit plus à soumettre qu'un seul capitaine indien, quand un Espagnol vint lui disputer sa conquête : c'étoit Don Pedro d'Alvarado, le même qui avoit partagé la fortune et la gloire de Cortez. Devenu gouverneur de la province de Guatimala, il s'ennuya de son inaction et d'une vie trop uniforme. La découverte du Pérou et tout ce qu'on publioit de ses richesses réveillèrent en lui la passion des découvertes et des grandes entreprises. Don Pedro feignit de croire, que le royaume de Quito n'étoit point compris dans les limites des provinces assignées à Pizarre, et il prit la résolution de s'en emparer. Attirés par sa réputation, huit cents volontaires se rangent sous ses drapeaux, s'embarquent, et abordent à Puerto-Vigo. Don Pedro marche droit à Quito, à travers les Andes, par une route impraticable, sans connoître le pays et sans guide pour le conduire. Ses soldats éprouvent des fatigues, des privations si dures et un froid si rigoureux, qu'il en périt un cinquième, et que presque tous les chevaux moururent. Cependant Don Pedro croyoit avoir enfin surmonté tous les obstacles ; il venoit de disperser quelques corps indiens, et touchoit au but de son expédition, lorsqu'il trouva, dans la plaine de Riobamba, des troupes espagnoles qui lui disputèrent le passage : c'étoit Almagro, détaché par Pizarre pour repousser l'usurpateur de sa puissance. Almagro venoit d'opérer sa jonction avec la troupe victorieuse de Benalcazar, gouverneur de Quito ; mais ces forces réunies étoient encore inférieures à celles de Don Pedro. Etonné de rencontrer un ennemi qu'il n'attendoit point, l'ancien compagnon de Cortez s'avance fièrement pour commencer l'attaque. Almagro se met à couvert derrière des retranchemens. Les deux partis étoient en présence, et le moment où les conquérans du Pérou devoient se déchirer entr'eux sembloit arrivé. Quelques pour-parlers, puis des conférences réussirent par l'entremise du licencié Caldera. Don Pedro prit l'engagement de retourner dans son gouvernement de Guatimala, pourvu qu'il fût défrayé. On lui promit cent mille piastres. Almagro proposa de cimenter l'union en marchant de concert contre Quizquiz; Don Pedro y consentit. Ce chef indien, entièrement séparé de Manco, se trouvoit alors à la tête de seize mille hommes. Son armée occupoit, entre Quito et Pachacamac, quatorze lieues d'étendue. Au corps de bataille commandé par Quizquiz en personne, se trouvoient les prisonniers, les femmes, le trésor et une immense quantité de bestiaux. Plusieurs détachemens voltigeoient sur les flancs de l'armée pour la garantir de toute surprise. Don Pedro atteignit d'abord, et culbuta un de ces corps intermédiaires, et opéra ensuite sa jonction avec Almagro. Les deux capitaines réunis firent une attaque générale, mais sans succès. Les Indiens, maîtres des montagnes, faisoient rouler sur les Espagnols une énorme quantité de pierres et des rochers entiers; ils sembloient même, en s'approchant pour lancer leur javelot, ne plus redouter l'effet des armes à feu.

Quatorze Espagnols tombèrent au pouvoir des Indiens: Quizquiz leur fit trancher la tête avec leurs épées. D'autres attaques se succédèrent, et trois fois les Espagnols furent repoussés des montagnes. Don Pedro et Almagro songeoient à la retraite, lorsqu'un corps de Péruviens tomba dans une embuscade et fut défait par Benalcazar. Les lieutenans de Quizquiz lui conseillèrent alors de demander la paix ; mais ce chef, indigné d'une semblable proposition, menaça d'ôter la vie à quiconque oseroit la renouveler. Des lâches, qui préféroient le repos à l'indépendance, et qui étoient jaloux de ses succès, conspirèrent contre lui. L'un d'eux, nommé Huapalca, qui étoit son lieutenant, lui arrache son bâton de commandement (espèce de javelot), et lui en perce le cœur. Les autres conjurés se jettent sur le malheureux Quizquiz, et le mettent en pièces : l'armée se disperse aussitôt. Telle fut la mort d'un des plus célèbres capitaines péruviens, et telle fut en même temps l'issue de l'expédition de Don Pedro d'Alvarado. Aucune, dans le Nouveau-Monde, n'avoit été conduite avec plus de courage et de persévérance, ni accompagnée de plus de fatigues et de dangers. La plupart de ceux qui l'entreprirent étoient des vétérans endurcis, qui avoient servi sous Cortez. Après avoir menacé Pizarre d'une ruine prochaine, Don Pedro contribua au contraire à consolider sa puissance, soit en augmentant le nombre de ses soldats, soit en accélérant la perte de Quizquiz. Le gouverneur se hâta de ratifier la convention de Riobamba ; il fit donner à Don Pedro cent mille piastres, et s'attacha ses soldats par des gratifications.

Pizarre triomphoit non-seulement en Amérique, mais encore en Espagne, où son nom devenoit célèbre. L'or qu'il y avoit envoyé par son frère Fernand lui valut la faveur de Charles-Quint, qui lui accorda de nouveaux pouvoirs, un marquisat, et des priviléges étendus. Almagro obtint aussi le titre d'Adelentado ou de gouverneur, objet de son ambition. Sa juridiction comprenoit deux cents lieues de terrein au sud des provinces accordées à Pizarre, et s'étendoit sur un pays qui n'étoit ni soumis ni connu. Ce fut l'origine des dissentions qui éclatèrent entre les deux gouverneurs.

Almagro prétendit que la ville de Cusco, résidence des Incas, étoit comprise dans son gouvernement, et il se mit en devoir de s'en emparer. Pizarre s'y opposa. Les deux partis, secondés par des amis fermes et nombreux, alloient décider la querelle par le sort des armes, quand les deux gouverneurs se rapprochèrent. Chacun connoissant les talens et le courage de son rival, craignoit les suites d'une rupture. Ce fut sur-tout Pizarre qui, par un mélange de dextérité et de fermeté, amena la réconciliation. Il fut stipulé qu'Almagro entreprendroit la conquête du Chily, et que s'il ne trouvoit pas un établissement convenable, il seroit indemnisé par la cession d'une partie du Pérou. Ce n'étoit là qu'une trève que de faux sermens ne pouvoient garantir.

Des hommes intéressés à augmenter les soupçons et à grossir les offenses, continuèrent à fomenter l'envie et la cupidité des deux chefs, et bientôt les mêmes passions qui les avoient divisés éclatèrent avec plus de violence.

Almagro se mit en marche pour le Chily, avec six cents aventuriers espagnols que sa réputation de courage et sa prodigalité attirèrent sous ses drapeaux. C'étoit le plus gros corps d'Européens qu'on eût encore vû réunis dans le Pérou. Quinze mille Indiens suivirent Almagro; les uns portoient des munitions et des vivres; d'autres servoient d'éclaireurs et de guides. Le grand-prêtre du soleil et Paullu-Inca, frère de Manco, furent aussi de l'expédition, soit qu'ils voulussent se rendre les Espagnols favorables, soit qu'ils attendissent l'occasion de les trahir.

Délivré d'un rival, Pizarre se montra digne

de sa fortune, et sut préparer la grandeur future de la colonie, dont il s'attribuoit seul la conquête. Il délibéra d'abord s'il fixeroit à Cusco le siége de son gouvernement; mais cette ville, située à l'une des extrémités du Pérou, étoit trop éloignée de la mer et de la province de Quito. Pizarre parcourut la côte pour établir une résidence plus rapprochée du centre; il aspiroit à devenir fondateur, gloire plus solide que celle émanée des combats et des révolutions.

Ce fut dans la vallée de Rimac qu'il jeta les fondemens de la *Ville des Rois*. Plus connue depuis sous le nom de Lima, elle est devenue la métropole du Pérou; le climat en est agréable et pur, le sol riche, varié, abondant en fruits délicieux: une rosée bienfaisante y tient lieu de pluie. Lima est d'une forme triangulaire, et son étendue est d'une lieue, du côté baigné par la rivière qui porte son nom. La vue s'étend d'un côté sur une mer tranquille, et de l'autre sur la chaîne des

Andes ; son port, nommé Callao, est à deux lieues de ses murailles. Une grande place carrée, ornée de beaux édifices, des rues larges, parallèles, coupées à angles droits ; un grand nombre de palais et de jardins, une enceinte flanquée de trente-quatre bastions : tel fut le plan sur lequel Pizarre éleva sa nouvelle capitale.

Peu d'années suffirent pour la rendre florissante ; elle devint le séjour de la volupté, la reine de l'Amérique méridionale ; mais ébranlée onze fois par des feux souterrains, détruite même, puis relevée, la malheureuse Lima, que ses fondateurs arrosèrent de leur sang et des larmes des Péruviens, semble, par tant de catastrophes, avoir expié son origine.

En jetant les fondemens de cette ville, Pizarre fit aux Espagnols qui devoient l'habiter, un nouveau partage des terres et d'esclaves indiens. Il s'attacha ensuite avec autant d'ardeur que de persévérance, à introduire dans toute la colonie un gouvernement régulier et uniforme. Sa sagacité suppléa, dans l'exécution de cette louable entreprise, aux connoissances qui lui manquoient. Après avoir partagé le Pérou en plusieurs districts, établi des magistrats pour les gouverner, il régla l'administration de la justice, la perception des impôts, l'exploitation des mines, le traitement des Indiens, et pourvut à la sûreté intérieure.

Tous ces réglemens étoient simples, et promettoient une administration aussi équitable que prévoyante; mais le Pérou ne touchoit point encore au terme de ses malheurs.

On y voyoit arriver un grand nombre d'aventuriers espagnols, qu'attiroit l'espoir de s'enrichir: il eût été dangereux de les laisser dans l'inaction. Pizarre les employa successivement à reconnoître, sous la conduite de ses principaux capitaines, les provinces où l'on n'avoit pas encore pénétré. Il fit lui-même de fréquens voyages sur la côte, afin de presser la construction de Lima, laissant à Cusco ses frères Juan et Gonzale. Il leur recommanda expressément de surveiller l'Inca, et de le traiter d'ailleurs avec égard et modération. Ce prince s'aperçut bientôt que Pizarre avoit divisé ses forces, et qu'il ne restoit plus qu'une poignée d'Espagnols à Cusco. Il jugea que l'instant étoit favorable pour réclamer ses droits, et il somma de nouveau le gouverneur de le rétablir dans son Empire, en vertu de la convention de Caxamarca. Pizarre fit une réponse évasive, et allégua qu'il falloit différer jusqu'à l'arrivée de la ratification du traité par Charles-Quint. Mais comme l'Inca montroit un caractère altier et beaucoup de courage, il voulut se délivrer de ses importunités et s'assurer en même temps de sa personne. On chercha d'abord, sous différens prétextes, à l'attirer dans la citadelle. L'Inca dissimula, et, pour se soustraire à toute violence, il prit sans balancer le chemin de la forteresse. Dès qu'il y fut, on l'arrêta prisonnier : les Péruviens s'en offensèrent; mais l'Inca crut devoir les apaiser, et arrêta l'effet de leur ressentiment.

LIVRE IV.

Soulèvement des Péruviens. — Siége de Cusco par Manco-Inca. — Mort de Juan Pizarre. — Retour d'Almagro au Pérou. — Exil volontaire de l'Inca. —Dispersion de l'armée péruvienne.

Trahi par les Espagnols, le souverain légitime du Pérou se vit prisonnier dans cette même citadelle que ses ancêtres avoient élevées comme la sauve-garde de leur puissance. Il dissimula, et, dans l'espoir d'être moins surveillé, il combla de dons et de caresses les soldats commis à sa garde. Le gouvernement de la ville de Cusco ayant été conféré à Fernand Pizarre, Manco lui témoigna une grande déférence et lui fit aussi de riches présens. Fernand arrivoit d'Espagne, fier de la faveur de la cour et de l'ordre militaire de Saint-Jacques dont Charles-Quint l'avoit décoré. Il fut sensible aux procédés de l'Inca. Ce prince s'aperçut bientôt que Fernand avoit le goût du luxe et l'amour de l'or ; il lui promit de lui livrer des trésors immenses qui avoient été enfouis, disoit-il, à l'approche des Espagnols et qu'il alloit faire déterrer par ses sujets. Manco gagna ainsi la confiance de Fernand, et l'on vit bientôt s'établir une étroite liaison entre le prisonnier et le gouverneur. La captivité de l'Inca fut adoucie, et tout en projetant d'exterminer ses oppresseurs, il sut leur inspirer une imprudente sécurité.

Ce prince communiqua ses desseins à ceux de ses parens et de ses capitaines qui pouvoient le seconder. Animés contre les Espagnols et dévoués à leur Inca, les Péruviens n'attendoient plus que ses ordres pour reprendre les armes. Ses confidens faisoient en silence, et avec un secret admirable, tous les préparatifs pour le succès de cette grande tentative.

Manco délibéra s'il prendroit la fuite ; mais une évasion sans succès pouvant ruiner tous ses projets, il préféra recourir encore à la ruse. Sous prétexte d'aller assister à une solemnité indienne, il demande à Fernand Pizarre la permission de se rendre dans la contrée de l'Incaya, promettant de lui rapporter à son retour une statue d'or massif de son père Huana-Capac. Fernand qu'aveugle l'appât d'un présent si riche, s'empresse de donner à Manco l'autorisation qu'il demande.

Situé à quelques lieues de Cusco, la contrée de l'Incaya étoit la plus agréable retraite des rois du Pérou ; l'air y est tellement salubre qu'ils y alloient ordinairement rétablir leur santé. Là se trouvoient leurs principales maisons de plaisance, et les tombeaux où ces monarques étoient conservés après leur mort avec des préparations aromatiques.

De vieux capitaines péruviens qui avoient servi sous Huana-Capac et plusieurs *Curacas* étoient accourus dans l'Incaya sous prétexte aussi d'y célébrer une fête en l'honneur des enfans du soleil. Dès que Manco parut au

milieu d'eux, ils l'environnèrent et le saluè-
rent Empereur. Ce prince, pour qui les momens étoient précieux, se hâta de leur parler
à-peu-près en ces termes. « Mes frères, mes
» amis, mes sujets, je viens me réfugier
» parmi vous, et me soustraire à la tyrannie
» d'une poignée d'aventuriers qui nous op-
» priment. Ils ne sont point d'une race sacrée
» comme nous l'avions cru faussement, et
» nous avons eu tort de les nommer *Vira-*
» *cochas,* comme s'ils venoient du ciel; leur
» tyrannie, leurs cruautés, leur avarice,
» prouvent qu'ils méritent plutôt le nom
» infernal de *Çupays.* Ce sont au moins des
» imposteurs qui s'arrogent le titre d'envoyés
» du grand *Pachacamac* pour commettre les
» plus grands crimes sous le masque de la
» religion. Ce grand tonnerre dont ils nous
» effrayent ne leur vient pas du ciel; c'est
» purement une invention du génie du mal.
» Vous le savez, je me présentai sans armes
» devant ces hommes inconnus, je leur fis

» des présens, je réclamai la foi des traités;
» eh bien! ils m'ont retenu captif; ils ont
» employé tour-à-tour la violence et la four-
» berie pour ébranler la fidélité de toutes les
» classes de mes sujets. A Tumbez, à Quito,
» à Lima, ils se sont partagés nos terres;
» par-tout ils se distribuent entr'eux nos ri-
» chesses, nos femmes et nos enfans. Ils ré-
» duisent en esclavage ceux de mes sujets
» qui sont nés libres; ils les forcent de fouiller
» jusque dans les entrailles de la terre pour
» en arracher l'argent et l'or; ils les mettent
» même à la torture pour leur faire déclarer
» où sont nos trésors cachés. Non-seulement
» ils ont porté leurs mains rapaces et sacri-
» léges dans nos temples, mais ils ont même
» violé l'asile sacré des tombeaux, et vaine-
» ment les avons-nous suppliés de respecter
» les ossemens de nos pères. Qu'attendre
» désormais de ces brigands? la mort! car
» ils prétendent tout usurper. Permettrons-
» nous qu'ils substituent au culte antique

» du soleil une religion à laquelle nous
» ne pouvons rien comprendre ? Si j'ai dis-
» simulé trop long-temps leurs outrages, ce
» n'étoit que pour rendre ma cause plus juste.
» Aujourd'hui une plus longue patience de-
» viendroit lâcheté. Venger la liberté de
» mon peuple par la force des armes, tel est
» mon dessein. Que tous nos guerriers se
» lèvent : je fais un appel à tout Indien
» dont le cœur s'émeut au mot de patrie.
» Les antres de nos montagnes sont remplis
» de munitions, de vivres, et nos ennemis
» dispersés dorment dans une sécurité pro-
» fonde. Attaquons-les séparement et tous
» à la fois; gardons tous les passages afin
» qu'il ne puissent se secourir entr'eux.
» Opposons à leurs armes terribles la force
» du nombre et le courage du désespoir. Si
» nous ne pouvons les vaincre, nous les affa-
» merons. Si les dieux qui brillent au firma-
» ment nous abandonnent, si la force et le
» crime l'emportent sur la justice et la vertu,

» nous trouverons un réfuge sur ces hautes
» montagnes qui bornent cet Empire du côté
» de l'orient : elles deviéndront le dernier
» asile de notre indépendance. Que dis-je?
» ni le grand *Pachacamac*, ni le soleil Inca
» *Viracocha* ne permettront que l'Empire
» du Pérou soit la proie d'une poignée d'a-
» venturiers qui n'y ont aucun droit. Aidé
» de vos conseils, soutenu de vos efforts et
» de votre fidélité, j'obtiendrai la victoire, et
» nous recouvrerons enfin nos biens et notre
» indépendance ».

Ce discours, prononcé avec autant d'énergie que de noblesse, inspira le desir de la vengeance à tous les *Curacas* ou grands du Pérou qui environnoient Manco : ils jurèrent de le rétablir sur son trône, et d'exterminer jusqu'au dernier Espagnol.

L'Inca ordonne aussitôt un armement général, nomme des capitaines et des officiers, expédie des courriers dans les provinces et arbore l'étendard impérial. Le même jour tous les Péruviens, depuis la frontière de Quito jusques aux confins du Chili, s'arment de flèches, de frondes, de massues, et font entendre le chant de guerre. Au même moment les Espagnols qui travailloient aux mines, ceux qui vivoient isolément dans la colonie sont impitoyablement massacrés ; plusieurs détachemens sont attaqués et taillés en pièces.

Manco réunit les Indiens des différentes provinces et en forma deux grandes armées; l'une, dont il prit lui-même le commandement, marcha sur Cusco pour exterminer la garnison espagnole; l'autre, moins nombreuse, fut donnée à Titu-Youpangui, prince du sang des Incas, et capitaine distingué autant par son courage que par la vigueur de son caractère. Titu se porta sur Lima où étoit alors le gouverneur Pizarre et les principales forces de la colonie.

Au premier avis du soulèvement des Péruviens, Fernand Pizarre et ses frères Juan et Gonzale firent prendre les armes aux deux cents Espagnols qui composoient la garnison de Cusco. Des védettes placées sur les hauteurs virent bientôt paroître les Indiens, qui arrivoient en masse de différens côtés, sans garder aucun ordre, mais avec une attitude menaçante, brandissant leurs javelots. Fernand fit sonner l'allarme; ses cavaliers montèrent à cheval et allèrent reconnoître l'ennemi; mais ils reculèrent bientôt devant une multitude furieuse qui cherchoit à pénétrer dans la ville. Déjà les murailles de la citadelle étoient escaladées, et l'Inca qui venoit d'en sortir prisonnier y rentroit en maître. Fernand rallia sa troupe sur la grande place de Cusco et en forma un bataillon carré, sa cavalerie en tête et aux deux ailes. Les Indiens l'attaquèrent avec l'arc et la fronde. Mais que pouvoit avec de telles armes des hommes presque nuds, contre une cavalerie couverte et hérissée de fer? Les Péruviens n'avoient rien à opposer aux lances des Espagnols et à l'impétuosité de leurs chevaux;

à chaque charge, la terre se couvroit de morts; on voyoit aussitôt les Indiens se rallier après leur défaite pour attaquer encore au prix du sang des plus braves. Malgré tous leurs efforts, jamais ils ne purent percer jusqu'à l'infanterie espagnole, que Fernand et Gonzale tenoient immobile pour qu'elle ne fût ni tournée ni surprise: cohorte impénétrable, toute hérissée de piques et d'épées.

L'Inca, inconsolable de la perte de ses meilleurs soldats, fit suspendre ce combat inégal, et feignit de se retirer pour mieux préparer sa vengeance. Cusco n'étoit plus à ses yeux la capitale de son Empire, c'étoit un véritable repaire d'où ses ennemis le bravoient encore: il résolut de les ensevelir sous les ruines de la ville.

Les Espagnols croyoient les Péruviens en fuite, quand une nouvelle attaque commencée au milieu de la nuit, s'annonça par des cris tumultueux et par le son discordant des instrumens de guerre. Les assaillans lancent aussitôt des flèches embrasées et mettent le feu à plusieurs quartiers de la ville, résolus d'exterminer leurs ennemis au risque de réduire la capitale en cendres. Les Espagnols n'osent se détacher pour arrêter l'incendie ni pour charger les Indiens. L'image de la désolation et de la mort, les tourbillons de flammes et de fumée, les cris homicides des guerriers péruviens mêlés aux cris plaintifs des blessés et des mourans, augmentoient l'horreur de cette nuit désastreuse. Cependant le respect des Indiens pour quelques édifices sacrés, tels que le temple du soleil et la demeure des vierges de son culte, leur interdit de mettre le feu aux maisons qui les avoisinoient; de sorte que les Espagnols y trouvèrent un abri contre le progrès des flammes; mais ils durent leur salut encore plus à la prudence et à la fermeté des Pizarre.

Restés maîtres de la grande place, leur contenance et leurs armes parurent si redoutables aux Indiens, que l'Inca n'osa point les charger ni pénétrer dans la ville; il l'investit entièrement et occupa les hauteurs et les défilés, espérant réduire graduellement les Espagnols par la famine. Pendant plusieurs jours ils restèrent sous les armes, sans jamais se séparer, ne hasardant point de sorties incertaines.

Ils seroient mort de faim et de misère sans l'étonnante fidélité de leurs esclaves indiens. Ceux-ci souffrirent les premiers de la disette, la supportèrent avec fermeté, se déclarèrent pour les Espagnols et prirent les armes en leur faveur. Ce dévouement extraordinaire prenoit sa source dans un préjugé respectable. Un Péruvien prisonnier croyoit devoir préférer son vainqueur à ce qu'il avoit de plus cher au monde; il s'y attachoit et lui obéissoit jusqu'à la mort. Les Espagnols, profitant de ces heureuses dispositions, traitèrent leurs prisonniers avec humanité et s'en servirent dans leur détresse, ce qui leur facilita depuis la conquête entière du Pérou. Pendant le siége de Cusco, la plupart de ces Indiens esclaves passèrent comme déserteurs dans le camp de l'Inca, et feignirent de se battre contre les Espagnols; ils revenoient ensuite pendant la nuit leur apporter des vivres, servant à la fois de munitionnaires et d'espions.

Ces foibles secours soutenoient la garnison espagnole; mais pouvoit-elle espérer, malgré sa discipline et la supériorité de ses armes, résister long-temps aux attaques réitérées des Péruviens que dirigeoit l'Inca en personne? Trente Espagnols avoient déjà perdu la vie; tous ceux qui survivoient étoient décharnés et livides, la plupart couverts de blessures, n'espérant plus ni soulagement ni guérison. Entourés d'ennemis, accablés de lassitude et réduits aux plus dures extrémités, ils résolurent de périr glorieusement dans une sortie. Chaque Espagnol, dans ce péril extrême, éleva sa pensée vers le ciel, vers la vie future.

On les vit se recueillir, se mettre en prières, se confesser leurs crimes ; on vit ces Castillans si fiers, si redoutés, s'abaisser devant Dieu, et, pénétrés d'une sainte ferveur, se croire tous plus dignes d'un noble trépas : ils invoquoient la présence de l'ennemi. L'armée de Manco paroît ; et, s'annonçant, par des cris tumultueux, elle fait pleuvoir sur les Espagnols une grêle de pierres et de flèches ; l'Inca se flatte d'enfoncer enfin cette poignée d'ennemis. La même intrépidité marqua l'attaque et la défense. Les premiers rangs des Indiens tombèrent successivement sous le fer des Espagnols et sous les pieds de leurs chevaux ; d'autres les remplacèrent et furent à l'instant renversés à coups de lances et d'arquebuse. Le sang ruisseloit sous des monceaux de cadavres ; mais rien ne pouvoit arrêter les Indiens ; tous vouloient se signaler sous les yeux de leur Empereur, qui les encourageoit du haut d'une colline. Les Espagnols pouvoient à peine résister à tant d'efforts réunis ; les hommes et les chevaux étoient épuisés; la mort se présentoit sous toutes les formes, et le découragement alloit entraîner leur perte, lorsque Juan et Gonzale Pizarre relevèrent les courages abattus. Couverts de leur armure et la lance en arrêt, ils exécutèrent plusieurs charges et enfoncèrent l'ennemi. Monté sur un cheval blanc, Gonzale fit dans cette journée de tels prodiges de valeur, il sut échapper à tant de dangers, que les deux partis le crurent également sous la protection du ciel. Cette idée enflamma l'enthousiasme des Espagnols et diminua la confiance des Péruviens, qui bientôt s'enfuirent en désordre, laissant le champ de bataille couvert de leurs morts.

L'Inca mande aussitôt ses capitaines, et leur reproche avec amertume d'avoir fui devant deux cents Espagnols; puis il ajoute : « Si » je ne vous vois point combattre en hommes » à la prochaine attaque, je vous enverrai filer » avec les femmes ». Les officiers péruviens prétendirent qu'un nouveau *Viracocha*, monté sur un cheval blanc et venant d'en haut, les avoit tellement remplis de trouble et d'épouvante pendant la mêlée, qu'ils n'avoient pu ni combattre ni commander à propos. Ils désignoient ainsi le brave Gonzale Pizarre. L'Inca, persuadé lui-même que le ciel se déclaroit pour les Espagnols, ordonna des prières et des offrandes au soleil et à tous les astres.

Le siége duroit depuis dix-sept jours, quand ce prince le convertit en une espèce de blocus; mais à chaque pleine lune il renouveloit ses attaques par un principe d'idolâtrie. Dans une de ces tentatives, presque toujours infructueuses, un capitaine péruvien s'avança vers les Espagnols et leur cria : « Vous ne » nous résisteriez plus si ce *Viracocha* au » cheval blanc ne vous défendoit avec tant » de valeur ».

Cependant les Espagnols étoient dans de continuelles alarmes: instruits par leurs espions qu'une autre armée péruvienne s'étoit portée sur Lima, ils n'avoient plus d'epoir d'être secourus : chacune des deux garnisons croyoit être la seule qui eût survécu au massacre.

François Pizarre n'avoit d'abord appris que vaguement l'insurrection des Péruviens et le siége de Cusco ; mais quand il vit une armée ennemie s'approcher de Lima pour intercepter les communications, il voulut se faire jour et se hâter d'envoyer des secours à ses frères.

Ne pouvant rassembler toutes ses forces en un seul corps, il les fit partir séparément, ce qui causa leur perte. Le premier détachement conduit par Diego Pizarre, parent du gouverneur, étoit composé de soixante-dix cavaliers et de trente fantassins espagnols. Les Indiens commandés par Titu-Youpangui, laissèrent Diego s'engager dans les défilés de Parcos, à cinquante lieues de Cusco, puis ils fondirent sur lui de tous côtés : pas un Espagnol n'échappa. Gonzale de Tapia, qui suivoit avec quatre-vingts cavaliers et soixante fantasisns, eut le même sort, ainsi que deux autres détachemens, qui furent successivement massacrés. Titu attiroit les Espagnols dans des vallées étroites et profondes, dont il faisoit occuper les sommités et les issues. Quand l'ennemi ne pouvoit plus ni reculer ni avancer, les Indiens placés des deux côtés du vallon, faisoient pleuvoir une grêle de pierres et rouler des quartiers de rochers, souvent même des arbres entiers déracinés: tout ce qui étoit dans le fond de la vallée périssoit ainsi misérablement, sans pouvoir ni attaquer ni se défendre, et cependant Pizarre faisoit toujours partir de nouveaux secours. Son lieutenant Pedro de Lerma et François de Godoy, marchèrent à la tête d'un corps plus considérable, se firent jour un moment et obtinrent même quelques avantages. Se précipitant sur les Indiens avec une rare intrépidité, Pedro de Lerma en fit un carnage horrible; mais une pierre lancée par un frondeur péruvien lui ayant fracassé la mâchoire, il fut mis hors de combat sans pouvoir profiter de ses succès. Harcelés à leur tour par l'armée entière de Titu-Youpangui, François de Godoy et Pedro de Lerma se hâtèrent de rentrer à Lima, et annoncèrent au gouverneur la perte de tous les corps qui les avoient précédés.

A cette nouvelle, à la vue des Indiens qui menaçoient la ville, Pizarre désespéra de sauver ses frères, et ne songea plus qu'à sa propre défense. Roidi contre l'adversité, rappelant toute son énergie, il renvoya ses vaisseaux, soit pour ne laisser de salut aux Espagnols que dans la victoire, soit pour ôter aux Indiens jusqu'à l'espoir de sa fuite. Il expédia en même temps des officiers au vice-roi du Mexique pour réclamer des secours, et il rallia tous les détachemens qu'il avoit précédemment envoyés à de nouvelles découvertes.

Mais les jours et les mois s'écouloient sans que la garnison de Cusco reçût le moindre renfort. Les cent soixante braves qui défendoient encore cette capitale contre une armée entière d'Indiens, n'avoient pour eux que leur constance et leur courage. L'Inca, instruit par l'expérience, ne s'épuisoit plus en attaques infructueuses; il fatiguoit et affoiblissoit les assiégés. La mort d'un seul Espagnol étoit une victoire pour les Indiens. Cependant la garnison fit plusieurs sorties, et reprit même la citadelle après six jours d'attaques dirigées par Juan Pizarre en personne. Blessé à la tête, et refusant néanmoins de quitter le champ de bataille, il reçut une seconde blessure qui étoit mortelle. Les Espagnols le regrettèrent. Juan Pizarre étoit brave, généreux, affable, et redouté des Indiens, qui célébrèrent sa mort comme un triomphe.

Son frère Gonzale voulant le venger, s'avança imprudemment jusqu'au lac de Chinchera, situé à cinq lieues de Cusco. L'Inca y avoit préparé une embuscade. A peine Gonzale est-il à la vue du lac, que les Indiens fondent sur lui de tous côtés, et font pleuvoir une grêle de traits et de pierres. Gonzale n'avoit avec lui qu'une vingtaine de cavaliers espagnols, et malgré leur intrépidité, il seroit tombé au pouvoir de l'ennemi, si son frère Fernand, et Alphonse de Toro, n'étoient accourus avec le reste de la cavalerie: en peu d'instans les Péruviens furent dispersés. On blama Gonzale de s'être exposé avec plus de témérité que de prudence. Elle devenoit nécessaire contre des ennemis nombreux qui commençoient à conduire leurs opérations avec autant d'intelligence que d'adresse. Frappé des avantages que les Espagnols retiroient de leur discipline et de leurs armes, Manco distribua à ses plus braves guerriers les lances et les épées des ennemis tués ou faits prisonniers. Il assujétit ses soldats à combattre avec plus d'ordre et de régularité. On vit alors quelques Indiens manier même l'arquèbuse et oser s'en servir; on en vit de plus hardis encore monter sur les chevaux qu'ils avoient enlevés, et charger la lance en arrêt comme des cavaliers castillans. Manco en donna lui-même l'exemple, et ses sujets étonnés parvinrent ainsi à une imitation, à la vérité imparfaite, de la discipline européenne.

Plein d'espérance et d'ardeur, l'Inca parut avec une partie de son armée dans la plaine des Salines, à une lieue de Cusco, et présenta la bataille aux Espagnols. La victoire fut longtemps disputée. Plusieurs capitaines péruviens périrent sous les yeux de leur Empereur, plutôt que de fuir en sa présence; d'autres, armés à l'espagnole, attaquèrent l'ennemi avec une rare intrépidité. Il y eut des actions d'éclat de part et d'autre. Un jeune Indien nommé Riampac, se précipite seul sur deux cavaliers espagnols, et après les avoir désarmés et terrassés, il saisit la lance de Gonzale Pizarre, qui étoit accouru au secours des deux Castillans en danger. Du revers de son épée, Gonzale coupe la main à Riampac. Avec la main qui lui reste, l'Indien prend une des lances dont il vient de s'emparer si glorieusement, et fond sur Gonzale, qui n'est sauvé que par l'arrivée subite de deux cavaliers: ils veulen

massacrer Riampac. « Gardez-vous de le mal-
» traiter, s'écria Gonzale, son courage est
» digne d'éloge, et je le prends sous ma pro-
» tection ». L'Indien reconnoît que Gonzale lui
a sauvé la vie, et se jetant aussitôt à ses pieds,
il lui dit avec émotion : « Tu es mon Inca, et
» je me reconnois ton vassal ». Jamais sa fidélité ne se démentit.

Dans ce même combat, les Péruviens, malgré
leur acharnement et l'avantage du nombre,
ne purent percer la ligne des Espagnols, ni
rester maîtres du champ de bataille. Ils prou-
vèrent néanmoins dans cette même journée
qu'il n'étoit pas impossible de les discipliner
et de les aguerrir.

Manco employa la ruse dans d'autres ren-
contres. La cavalerie étant ce que les Indiens
redoutoient le plus, il fit jeter dans les escadrons espagnols de longues courroies garnies
de pierres aux deux bouts, et qui s'entortillant
autour du cavalier et du cheval, les empê-
choient d'agir. Dans une occasion importante,

les Indiens détournèrent le cours d'une rivière pour inonder toute une vallée dans laquelle se trouvoit un corps d'Espagnols, qui eut à peine le temps de prendre la fuite.

Ces différens stratagêmes et une suite d'opérations combinées, devoient amener enfin la réduction de Cusco. Près de neuf mois s'étoient écoulés depuis que les Indiens bloquoient cette ville : aucun secours n'y arrivoit. Epuisés par la disette et les fatigues, en proie aux privations de tout genre, les Espagnols avoient perdu l'espoir de résister plus long-temps à un ennemi dont le nombre augmentoit chaque jour, et qui se perfectionnoit d'ailleurs dans l'art de la guerre.

Le découragement leur inspira l'idée d'abandonner Cusco et de se faire jour à travers l'ennemi, pour joindre, s'il étoit possible, ceux de leurs compatriotes qui auroient échappé à sa fureur. Les Espagnols se flattoient de gagner ensuite la côte pour fuir, par la voie de la mer, un pays qui leur etoit devenu si funeste. Ce parti désespéré fut vivement combattu par Gonzale Pizarre, qui toujours vouloit opposer la persévérance au malheur. Mais Gonzale eût été entraîné malgré lui, si un ennemi plus dangereux que les Péruviens n'avoit paru tout-à-coup à la vue de Cusco : c'étoit Almagro, de retour du Chili.

En y pénétrant, ce capitaine avoit éprouvé tous les maux inséparables des marches pénibles, de la famine et de la rigueur du climat. Il avoit eu à combattre des tribus belliqueuses, endurcies et indépendantes : d'abord étonnées des opérations de sa cavalerie et de l'effet des armes à feu, elles étoient revenues de leur surprise et avoient fini par oser attaquer elles-mêmes les Espagnols. Un tiers des soldats d'Almagro avoit déjà péri, le reste alloit abandonner une conquête trop périlleuse, quand on eut connoissance au Chili du soulèvement des Péruviens. Il fut confirmé par la fuite du grand-prêtre du soleil et par la défection de la plus grande partie des Indiens qui avoient suivi l'expédition. Tout faisoit un devoir à Almagro de voler au secours de ses compatriotes; des motifs moins généreux le décidèrent : ce fut principalement son ambition qu'irritoit les conseils de Rodrigue Orgognos, son lieutenant-général. Cet officier fit répandre adroitement le bruit dans l'armée que François Pizarre étoit mort, et qu'il falloit se hâter d'aller s'emparer de son héritage, c'est-à-dire du Pérou, dont on avoit partagé la conquête et les périls. Almagro revint donc sur ses pas, moins pour empêcher les Indiens de reprendre Cusco que pour en chasser les frères de Pizarre : il prétendoit que cette ville faisoit partie du gouvernement que venoit de lui conférer Charles-Quint. Impatient de s'en rendre maître, il prit une route nouvelle en longeant la côte, et traversa rapidement des plaines sablonneuses, où il eut également à souffrir de la chaleur, de la sécheresse et de la disette. A peine eût-il touché aux frontières du Pérou qu'il se dirigea vers Cusco, mais avec plus de lenteur et de circonspection. La garnison espagnole et les Péruviens ne surent d'abord s'il revoyoient un ami ou un ennemi, tant l'arrivée subite d'Almagro leur inspiroit une défiance égale. L'Inca lève précipitamment le siége et se porte sur les hauteurs voisines de la ville. Almagro partage aussitôt sa troupe pour faire face des deux côtés. Il ordonne d'abord à Juan de Sayavedra de se placer avec trois cents Espagnols au village de Hurcos pour contenir la garnison de Cusco; avec le reste de sa troupe il tient l'Inca en échec et cherche à l'attirer dans une négociation. Manco n'y voit que de nouveaux dangers. Almagro demande une entrevue, et au jour marqué, tous deux s'avancent également escortés, se tenant sur leur garde et se défiant l'un de l'autre. Comme ils n'osèrent point s'aborder, rien ne fut arrêté, pas même par la voie des interprètes; mais le lendemain, Almagro fit proposer à Manco de se liguer avec lui contre Pizarre et de le favoriser dans son dessein de

s'emparer de Cusco. Ce prince, par un principe d'honneur et de magnanimité, refusa cette alliance en disant : « J'ai pris les armes pour
» recouvrer mes droits et rendre la liberté
» à mon peuple, et non pour protéger les
» vils desseins d'un usurpateur contre un
» autre ». En vain ses officiers lui firent sentir les dangers de son refus, en vain ils lui représentèrent qu'en excitant et nourrissant la discorde parmi les Espagnols il les affoibliroit, causeroit leur ruine et rétabliroit ainsi son autorité : Manco leur tint ce discours : « L'hon-
» neur et la religion défendent à un Inca la
» dissimulation, et lui ordonnent de remplir
» tous ses engagemens. Jamais un enfant
» du soleil n'a trahi sa parole, n'a offensé les
» peuples qui se sont mis sous sa protection.
» Laissons les hommes qui viennent d'Europe
» se déshonorer par l'infamie de leur conduite,
» et conservons, s'il est possible, les vertus que
» nous devons aux sages préceptes du grand
» Manco-Capac. Je lui dois mon origine, et

» je n'oublierai point que ce n'est que par
» des actions magnanimes que je puis mériter
» de régner un jour. Nos oppresseurs sont
» divisés, dites-vous? Mais oubliez-vous que
» c'est pour la possession de cet Empire?
» En me déclarant contre une faction pour
» favoriser l'autre, ne légitimerai-je pas le
» parti que je ferois prévaloir? Comment ré-
» clamerai-je ensuite mes droits? Je ne veux
» point régner en vassal, car le vassal d'un
» tyran n'est jamais qu'un esclave. D'ailleurs,
» doutez-vous que les deux partis ne se réuni.
» sent contre moi dès que je leur paroîtrai
» dangereux? Jamais ils ne souffriront un
» Inca, et croyez qu'ils méditent déjà de m'ôter
» la vie pour régner librement. Mais si les
» crimes d'Atahualpa, si les forfaits de Ru-
» minavi ont irrité les dieux contre nous,
» c'est moi qui veut tout expier. Mes sujets
» sont mes enfans, et je mériterois le nom
» odieux d'*Auca* ou de tyran si je les sa-
» crifiois à mon ambition. J'aime donc mieux

» passer le reste de ma vie dans l'exil et dans
» l'obscurité que de maintenir mon pouvoir
» par la fourberie et la trahison ; c'est seule-
» ment ainsi que je pourrai mettre un terme
» aux calamités qui désolent le Pérou : il ne
» redeviendra paisible que lorsqu'il ne sera
» plus disputé ».

Cette réponse, conservée par les historiens, atteste l'élévation et la délicatesse d'un prince que les Espagnols appeloient barbare.

Les Curacas et les capitaines péruviens cessèrent de s'opposer à la retraite de l'Inca, dont la résolution étoit invariable. Quelques auteurs ont prétendu que ce prince ne s'étoit exilé volontairement qu'après une attaque malheureuse contre les troupes d'Almagro ; mais ce fait ne paroît pas suffisamment éclairci. On croit avec plus de vraisemblance que, trompé dans ses projets contre Cusco, et deconcerté par l'arrivée d'Almagro, il désespéra de reconquérir son Empire. Il voulut aussi que ses sujets ne fussent pas victimes de leur fidélité et de leur zèle; non-seulement il les licencia, mais encore il leur enjoignit de rentrer dans leurs provinces pour se soumettre et obéir aux vainqueurs, ajoutant que s'il se présentoit une occasion favorable, il sortiroit de sa retraite et les appelleroit à des combats moins inégaux. Ensuite, réunissant ses femmes, ses enfans, ses ministres, tous les princes de sa maison et quelques amis, il fut se réfugier à Vilcapampa, au millieu des Andes.

Son exil volontaire, dont les motifs étoient si purs, marqua la révolution du Pérou; car dès-lors cet Empire passa tout entier sous la domination des Espagnols. Mais cette grande révolution ne fut consommée qu'après quinze années de guerres civiles entre les conquérans. Il sembleroit qu'en abandonnant ainsi le Pérou, Manco-Inca eût voulu léguer à ses oppresseurs l'héritage sanglant dont le partage devoit entraîner la punition de leur avarice, de leur ambition et de leurs excès.

LIVRE V.

Guerre civile entre les Espagnols. — Défection du parti de Pizarre. — Arrestation de Fernand et de Gonzale, frères du Gouverneur. — Évasion de Gonzale et d'Alphonse d'Alvarado. — Combat des Salines. — Défaite du parti d'Almagro. — Mort de Rodrigue Orgognos et de Don Diego.

La dispersion de l'armée péruvienne et l'exil de l'Inca laissant un libre cours à l'animosité des Espagnols, ils se déclarèrent ouvertement la guerre. Les deux partis employèrent d'abord pour se nuire la corruption et la perfidie. Fernand Pizarre usa le premier de ce vil moyen. S'étant dirigé, à la tête de cent soixante-dix Espagnols, sur le village de Harcos, il obtint de Sayavedra, qui y commandoit pour Almagro, une entrevue sous prétexte d'arriver à un accommodement, et il lui offrit beaucoup d'or s'il vouloit déserter avec sa troupe.

Sayavedra, qui étoit gentilhomme, préféra une réputation sans tache et resta fidèle à son parti. Ce triomphe de l'honneur, bien plus difficile à obtenir qu'une résistance courageuse, donna le temps à Almagro de joindre son fidèle lieutenant et de marcher sur Cusco. Les Pizarre proposèrent alors une trêve : il y eut des pourparlers et de fréquentes communications entre les deux partis; chacun sembloit craindre d'être responsable de la guerre civile. Almagro, à la faveur de la trêve, gagna par sa franchise et ses manières affables plusieurs officiers des Pizarre, qui avoient à se plaindre de leur arrogance ; quand il eut concerté leur défection, il pénétra dans Cusco pendant la nuit, surprit ou corrompit les sentinelles, et investit aussitôt le palais des Pizarre. Eveillés par le tumulte, Fernand et Gonzale s'arment précipitamment, s'entourent de leurs domestiques, de leurs amis, et font une vigoureuse résistance. Mais on les force de poser les armes en mettant le feu à leur palais; ils se rendent pour échapper à une mort cruelle; on les charge aussitôt de fers.

Maître de Cusco, Almagro se fit reconnoître en qualité de gouverneur général, établit en son nom une administration provisoire, et donna toutes les places à ses amis et à ses créatures. Son lieutenant-général Rodrigue Orgognos, qui étoit accoutumé aux partis décisifs, vouloit qu'on mît à mort les deux Pizarre, qu'il regardoit comme des ennemis irréconciliables; mais Almagro étoit un vieux soldat dont le cœur n'étoit point endurci, et il céda sans peine aux conseils modérés de Diego d'Alvarado, qui répondit des deux Pizarre et leur sauva ainsi la vie. L'humanité d'Almagro fut blâmée comme une foiblesse toujours dangereuse à un chef de parti qui se trouve engagé dans une guerre civile. Quelques auteurs ont partagé ce sentiment sans considérer qu'on n'arrive pas tout-à-coup à l'abus du pouvoir. D'ailleurs les deux partis agirent dans l'origine avec une apparence de modération, et les premiers succès furent plutôt obtenus par des pratiques sourdes que par la force ouverte. D'un autre côté, le gouverneur Pizarre pouvoit venger la mort de ses frères, car il recevoit journellement des renforts de Saint-Domingue et du Mexique; il rappeloit même tous ses détachemens, entr'autres celui d'Alphonse d'Alvarado, qui étoit composé de soldats aguerris. A son arrivée à Lima, ce capitaine fut nommé lieutenant-général du gouverneur, au préjudice de Pedro de Lerma, que Pizarre laissa imprudemment dans un grade inférieur. Cette injustice faillit amener la ruine du parti des Pizarre, comme on le verra bientôt.

Malgré la retraite de l'Inca, son général Titu-Youpangui n'avoit point encore licencié les Indiens qui étoient sous ses ordres : la seule désertion en avoit diminué le nombre. Forcé d'abandonner l'attaque de Lima, Titu occupoit encore les défilés des montagnes, et empêchoit toute communication entre cette ville et Cusco.

Pizarre n'avoit donc pu recevoir aucune nouvelle de ses frères. Inquiet, mais non découragé, il s'occupoit sans relâche des moyens de leur faire parvenir des secours, et avoit enfin rassemblé une petite armée sous les ordres d'Alphonse d'Alvarado. Outre cinq cents soldats espagnols, Alphonse réunit un grand nombre d'Indiens auxiliaires. Pedro de Lerma, qu'il venoit de remplacer, et qui n'attendoit que l'occasion de faire éclater son ressentiment, commandoit sa cavalerie. Alphonse se mit en marche, et fit un long circuit pour éviter les défilés qu'occupoit l'armée péruvienne ; mais à son entrée dans la vallée de Pachacamac, il fut attaqué par un grand nombre d'ennemis. Après les avoir défaits, il eut l'imprudence, malgré l'avis des Indiens qui portoient ses bagages, de continuer sa marche à travers des déserts semblables à ceux d'Afrique, où des sables brûlans offrent, tels qu'une vaste mer, des phénomènes de réfraction, et cachent des crocodiles et des serpens engourdis ; les voyageurs ne peuvent s'y diriger que par le cours des astres ou quelques troncs d'arbres épars. La chaleur et la réverbération du soleil y étoient si ardentes, que la troupe entière d'Alvarado courut risque, faute d'eau, de mourir de fatigue et de soif. Cinq cents auxiliaires périrent suffoqués. Presque tous les Espagnols auroient succombé de même, si la cavalerie n'avoit enfin trouvé une source qui rendit aux soldats la vie et les forces. Arrivés au pont de Rumicacha, les Indiens attaquèrent de nouveau. Le combat fut opiniâtre. Malgré leur discipline et la supériorité de leurs armes, les Espagnols perdirent trente fantassins et plusieurs chevaux ; mais cinquante arquebusiers tournèrent l'ennemi et le mirent en fuite. Alphonse d'Alvarado, quoique toujours harcelé, marchoit avec plus de confiance vers la capitale du haut Pérou, croyant n'avoir à combattre que des Indiens. Quelle fut sa surprise de trouver un détachement de ses compatriotes posté sur le pont d'Abançay

pour lui disputer le passage de l'Apurimac!
Alvarado apprit à la fois la retraite de l'Inca, le retour d'Almagro, la mort de Juan
Pizarre et l'emprisonnement de Fernand et
de Gonzale. Des événemens si inattendus le
jetèrent dans le trouble et l'indécision; il n'osa
point attaquer sans avoir reçu de nouveaux
ordres du gouverneur, comme si tout n'étoit
pas justifié par la victoire.

Almagro craignoit aussi de se mesurer avec
les troupes d'Alphonse d'Alvarado; il employa les négociations, prodigua les promesses
et les présens pour le séduire; mais d'Alvarado fut incorruptible. Entraîné au contraire
par son caractère difficile et ombrageux, il fit
arrêter les envoyés d'Almagro. Dès-lors il n'y
eut plus aucun espoir d'accommodement. Almagro ne savoit pourtant s'il devoit combattre ou temporiser encore; il flottoit dans
cette indécision pernicieuse, en proie aux
plus tristes réflexions, quand il reçut une lettre
de Pedro de Lerma. Cet officier se plaignoit

de l'ingratitude de Pizarre à son égard, et il offroit de passer dans le parti contraire avec une centaine de soldats, tous mécontens et disposés à le suivre. Almagro, transporté de joie, s'avance aussitôt vers le pont d'Abançay pour déterminer la défection par sa présence. Alvarado soupçonne les intentions de Pedro de Lerma et veut le faire arrêter; mais il n'étoit plus temps. Pedro, instruit par ses amis des plus secrettes délibérations d'Alvarado, venoit de passer avec une partie des conjurés du côté d'Almagro; d'autres restèrent à la garde du pont et le livrèrent pendant la nuit. Les traîtres embrassèrent le nouveau parti avec tant de chaleur, qu'ils assaillirent et culbutèrent cinquante lanciers fidèles. Quand Alvarado voulut se défendre, il se vit entouré d'ennemis; ses propres soldats le livrèrent, et Almagro le fit mettre aux fers après avoir pillé son camp. Pas un Espagnol ne perdit la vie dans cette défection préparée avec un art perfide. Alvarado manqua de prévoyance et de talent; il pouvoit écraser Almagro, et il ne fit au contraire qu'augmenter sa force et ses prétentions.

« Les Pizarre ne sont plus rien au Pérou, » disoient les amis d'Almagro; qu'ils aillent » maintenant gouverner les tribus sauvages » des Manglores sous la ligne équinoxiale. »

Mais Almagro ne fit rien pour la fortune, qui faisoit tout pour lui, et n'ayant point assez d'audace pour tout oser, il négligea les conseils de Rodrigué Orgognos, qui vouloit marcher droit à Lima. Il répugnoit à Almagro d'attaquer le premier; et il retourna tranquillement à Cusco, se bornant à faire des préparatifs dont les délais tournoient évidemment à l'avantage de son ennemi.

Cependant un des soldats d'Alvarado qui s'étoit échappé du pont d'Abancay, vint annoncer au gouverneur Pizarre le retour d'Almagro, la défection de ses troupes et les malheurs de ses frères. L'ame de Pizarre, inébranlable dans l'adversité, ne fut point abattue

par tant d'infortunes subites. Animé au contraire par la haine et le desir de la vengeance, il fit de nouvelles levées, se pourvut d'armes et de munitions, se ménagea les Indiens auxiliaires, et déclara que tous ces préparatifs tendoient à s'opposer aux usurpations d'Almagro, qui vouloit envahir son gouvernement. Maître de la côte d'où pouvoient lui arriver des renforts, il étoit d'ailleurs de son intérêt de temporiser, et d'éviter une action décisive. Il expédia en conséquence le licencié Spinosa auprès d'Almagro, pour l'engager dans une négociation insidieuse. Spinosa étoit porteur d'une lettre par laquelle le gouverneur pressoit Almagro d'en venir à des voies de conciliation. « Si
» Charles-Quint, écrivoit Pizarre, venoit à
» connoître le malheureux état où nos démêlés
» réduisent la colonie, croyez que ce mo-
» narque ne manqueroit pas de nous rappeler
» tous deux, et de nous remplacer par un
» nouveau gouverneur qui viendroit jouir du
» fruit de nos travaux ». Frappé de la justesse

de cette observation, Almagro n'agit plus qu'avec irrésolution et timidité, tandis qu'il falloit au contraire de la vigueur et de l'audace.

Il rassembla cependant une grande partie de ses troupes et sortit enfin de Cusco, laissant Gonzale Pizarre et Alphonse d'Alvarado à la garde du capitaine Gabriel de Royas. Cet officier ayant négligé de les surveiller, ils l'arrêtèrent lui-même après avoir corrompu leurs gardes, et ils s'évadèrent avec un grand nombre de prisonniers de leur parti. Dans leur fuite ils évitèrent les troupes d'Almagro qui étoient en marche, et arrivèrent sans obstacle à Lima.

Cette heureuse évasion devint un sujet de consolation, un motif d'encouragement pour Pizarre, qui nomma aussitôt son frère Gonzale lieutenant-général, et Alphonse d'Alvarado général de la cavalerie. En peu de jours sept cents Espagnols armés et équipés, se rangèrent sous ses drapeaux. Cette troupe fut renforcée par deux compagnies d'arquebusiers, arme qui, dans le Nouveau-Monde, décidoit ordinairement de la victoire.

Pizarre se mit bientôt en marche pouraller combattre Almagro, et trouva sur son passage peu d'obstacle de la part des Indiens. Alvarado les avoit battus, et depuis ils s'étoient retirés pour obéir à l'Inca, qui avoit ordonné leur licenciement. Ainsi Pizarre put avancer librement au-devant d'Almagro, qui venoit de se porter dans la vallée de Chincha, entre Lima et Cusco. Dès qu'Almagro eut appris l'évasion d'Alvarado et de Gonzale, et la marche du gouverneur, il fit à son tour des propositions de paix qui firent concevoir à Pizarre l'espérance d'obtenir la liberté de son frère Fernand, qu'Almagro gardoit à vue. Pizarre proposa de soumettre à la décision de Charles-Quint tous les différens qui venoient de s'élever, et jusques-là de rester les maîtres, de part et d'autre, du pays dont on étoit respectivement en possession; mais il insista pour qu'on mît en liberté son frère Fernand, afin qu'il pût aller en personne solliciter l'approbation de l'Empereur. Cette négociation fut conduite par un moine de la Mercy, nommé frère François de Bovadilla, religieux d'un zèle pur, et qui travailloit avec ardeur au rétablissement de la paix. Il crut y arriver plutôt en ménageant une conférence entre les deux gouverneurs. Frère Bovadilla réussit, et fit décider qu'il y auroit d'abord une suspension d'armes, puis une entrevue dans le village de la Mela, qui se trouvoit placé entre les deux armées. Le même jour et à la même heure, Almagro et Pizarre devoient se diriger au lieu de la conférence, accompagnés chacun de douze cavaliers. Gonzale Pizarre se défiant d'Almagro, se porta avec toutes les troupes de son frère près du village de la Mela, ordonnant au capitaine Castro de se placer avec quarante arquebusiers en embuscade derrière des roseaux. Cet officier devoit faire feu sur Almagro s'il se présentoit avec un plus grand nombre de soldats que ne portoit la convention. Almagro prit aussi des précautions dictées par la défiance, et son lieutenant-général Orgognos devoit accourir avec toutes ses forces dans le cas où l'on violeroit la trêve.

En s'abordant, les deux gouverneurs s'embrassèrent avec une apparente cordialité; et d'abord ils s'entretinrent de choses vagues et entièrement étrangères à l'objet de la conférence. Pizarre y ramenoit la conversation, quand un cavalier de sa suite, indigné de l'embuscade préparée contre Almagro, s'approcha de ce capitaine et l'avertit à voix basse que sa vie étoit menacée. Almagro, sans proférer une parole, remonte aussitôt à cheval, et s'éloigne au galop sans rien conclure. Des officiers vouloient l'arrêter; mais Pizarre, retenu par sa parole d'honneur, s'y opposa. En s'éloignant Almagro vit l'embuscade, et ne douta plus de la perfidie des Pizarre. Cet incident augmenta la défiance, et on en seroit venu tout de suite aux mains sans la médiation de Diego d'Alvarado, ami d'Almagro.

Cet officier insista fortement pour qu'on rendît à Fernand Pizarre la liberté, aux conditions qu'avoit d'abord proposées le gouverneur. En vain Rodrigue Orgognos s'y opposa. « Je » connois Fernand, dit-il, c'est un homme » vindicatif qui cherchera ou fera naître l'oc- » casion de se venger ». Mais Diego d'Alvarado se rendit garant du traité, et son avis prévalut. Almagro renvoya Fernand, qu'il fit accompagner par son fils. A peine lui eût-il rendu la liberté qu'il s'en repentit, et il l'auroit même fait arrêter de nouveau, si Fernand, soupçonnant son intention, ne se fût éloigné précipitamment pour rejoindre ses frères.

Dès que le gouverneur Pizarre n'eut plus rien à craindre pour la vie de Fernand, il oublia le traité qu'il venoit de conclure, et déclara que c'étoit les armes à la main et non par des négociations qu'il falloit décider à qui resteroit le Pérou. Il prit aussitôt l'offensive, et donna le commandement en chef à ce même Fernand, qui ne respiroit que la vengeance.

Almagro, affoibli par le chagrin et la maladie, se retira du côté de Cusco, laissant la conduite de ses troupes à Rodrigue Orgognos, son lieutenant-général. D'après l'avis de ses frères, Pizarre s'abstint également de combattre en personne, et se rendit à Lima pour ne pas tout exposer aux hasards d'une seule journée.

Orgognos fit couper les ponts et se replia, car Almagro ne vouloit livrer bataille que dans la plaine de Cusco, craignant d'affoiblir sa troupe en défendant trop de points à-la-fois; d'ailleurs sa cavalerie, plus nombreuse et mieux disciplinée que celle des Pizarre, devoit agir avec plus d'avantage dans la plaine. Ces motifs le ramenèrent à Cusco. Il y fit des levées, s'y pourvut d'armes, de vivres, et ne négligea aucun moyen de défense. Dans sa marche rétrograde, son lieutenant-général défendit quelques positions dans les montagnes; elles furent tournées et forcées par les arquebusiers de Fernand. Orgognos se replioit toujours en bon ordre, quoique pressé par

les troupes de Pizarre. Impatiens de décider à qui resteroit la domination du Pérou, les deux partis se trouvèrent bientôt en présence. Ils avoient chacun un grand nombre d'Indiens auxiliaires qui leur servoient de troupes légères et d'éclaireurs. Fernand occupoit le revers d'une montagne d'où l'on découvroit la plaine de Cusco. Personnellement irrité contre Orgognos, il lui envoya un défi, et lui fit dire qu'on le reconnoîtroit facilement, sur le champ de bataille, à sa casaque de velours orangé, tailladée à l'espagnole et couvrant sa cuirasse; et il ajouta qu'il auroit un second, vêtu comme lui. Orgognos accepte le cartel, et se tournant aussitôt vers son ami Pedro de Lerma, que Pizarre avoit si injustement offensé, il lui dit : « Ami ! ce Fernand que nous ab-
» horrons, m'adresse un insolent défi, et me
» fait donner son signalement. Il sera, dit-il,
» accompagné d'un second. Ne sommes-nous
» pas deux aussi ? Chargeons-les, et lavons
» nos offenses dans le sang des Pizarre. — Je te

» suivrai, répondit Pedro de Lerma, en ser-
» rant la main d'Orgognos, et j'espère me
» montrer digne de toi ».

Le lendemain, à la pointe du jour, Orgognos rangea sa troupe en bataille, son infanterie au centre, un petit nombre d'arquebusiers aux deux ailes, ainsi que toute sa cavalerie commandée par François de Chaves. Deux pièces de canon défendoient le grand chemin de Cusco. Pour ne pas être débordée, sa troupe s'appuyoit d'un côté sur un marais fangeux, de l'autre sur un ruisseau qui traversoit la plaine. Orgognos espéroit balancer l'avantage du nombre en ramenant le combat sur le centre. Il fit une courte harangue à ses soldats, et leur dit, qu'il agiroit séparément avec son ami Pedro de Lerma, afin de tout surveiller; ne cherchant qu'à se ménager ainsi la facilité de combattre corps-à-corps Fernand Pizarre, qui de son côté, faisoit les dispositions nécessaires pour une attaque générale.

Après avoir fait célébrer la messe à la tête

de ses troupes, Fernand descendit dans la plaine et se mit aussi en bataille. Son infanterie renforcée d'un grand nombre d'excellens arquebusiers, occupa le centre. A chacune des ailes il plaça cent chevaux, affectant ensuite de parcourir le devant de sa ligne avec François Baraona, son second, afin qu'Orgognos pût le reconnoître. Son frère Gonzale, qui faisoit les fonctions de général d'infanterie, voulut combattre à pied. Dans cet ordre ils avancèrent fièrement sur la troupe d'Orgognos, qui resta immobile. Les Indiens des deux partis commencèrent le combat en escarmouchant les uns contre les autres. La cavalerie des Pizarre tenta aussitôt le passage du marais, réussit et tourna l'aile gauche d'Almagro, dont la cavalerie prit la fuite à la première décharge des arquebusiers. « Amis ! s'écria Pedro de » Valdivia, en se tournant vers l'escadron » qui venoit de passer, amis, la victoire est » à nous » ! En vain Orgognos fit tirer le canon, rien ne put empêcher Gonzale de traverser le ruisseau qui couvroit son aile droite, et de marcher sur lui en bon ordre. Les lanciers d'Orgognos essuyèrent tout le feu des arquebusiers de Gonzale. Bientôt on se charge, on se mêle, on se serre. Orgognos excite ses vétérans, rallie sa cavalerie; mais par-tout où se portent les arquebusiers de Pizarre, leur feu réglé et soutenu renverse les cavaliers et les fantassins qu'on leur oppose. Orgognos et Pedro de Lerma qui voient la victoire incertaine, cherchent Fernand pour le combattre; ils l'aperçoivent enfin avec son second : « Grand Dieu ! s'écrie Orgognos, je » fais mon devoir et cherche la mort, que les » braves me suivent » ! Il dit et s'élance sur François Baraona qu'il prend pour Fernand ; une balle perce son casque et l'arrête. Quoique blessé, Orgognos se défait à coups de lance de deux cavaliers qui l'entourent ; s'attachant ensuite à Baraona, qui le provoque, il le jete à bas de son cheval, brise sur lui le fer de sa lance, et l'achève à coups d'épée. A peine est-il sorti victorieux de cette lutte, qu'un arquebusier l'ajuste et le frappe d'une balle au milieu du front. Orgognos perd à-la-fois la vue et les forces. Son fidèle ami, Pedro de Lerma, venoit de joindre Fernand, dont il reçut d'abord un coup de lance qui lui perça la cuisse; il en porta lui même un si grand coup à son adversaire, qu'il fracassa la tête de son cheval, et malgré sa côte de maille le blessa au bas du ventre. Le cheval en s'abattant amortit le coup, et sauva la vie à Fernand Pizarre; mais ses soldats qui le voient tomber le croyent blessé à mort, et chargent la troupe d'Almagro avec plus de furie, tandis qu'Alphonse d'Alvarado et Gonzale Pizarre l'attaquent en flanc et renverse tout ce qui résiste encore. Alors ceux qui peuvent échapper au carnage prennent la fuite. Consumé par la maladie, miné par le chagrin, Almagro ne pouvant se tenir à cheval, s'étoit fait porter sur une hauteur voisine. Il avoit vu les différens mouvemens des deux partis, et son ame éprouvant l'alternative de la victoire et de la défaite, avoit passé successivement de l'espérance au désespoir. Pénétré d'indignation en voyant ses soldats en fuite, il s'étoit écrié : « Grand Dieu ! n'étions-nous pas venus pour » combattre et non pour fuir » ? Poursuivi lui-même, il alloit se jeter dans la citadelle de Cusco, lorsqu'il fut atteint et fait prisonnier par Gonzale Pizarre. Il n'y eut plus alors aucune résistance de la part de ses soldats. Les Indiens cessèrent aussi de combattre, et se mirent des deux côtés à depouiller les morts. Il leur eût été facile en se réunissant d'exterminer les vainqueurs et les vaincus, également affoiblis par la victoire et par la défaite; mais il leur eût fallu plus d'ensemble, et peut-être plus de courage, ou plutôt il leur manquoit un chef. La retraite prématurée de l'Inca fit perdre à jamais aux Péruviens l'occasion de ressaisir leurs droits et leur indépendance.

Ce combat célèbre eut lieu le 25 avril 1538, dans une grande plaine située à une lieue et demie de Cusco, et que les Péruviens nomment Cachipampa, ou campagne de sel. Près de deux cents Espagnols restèrent sur le champ de bataille, perte considérable, eu égard à la nature de cette guerre et au petit nombre de combattans. Les vainqueurs se déshonorèrent par des traits d'inhumanité; peu de prisonniers furent épargnés; on en égorgea plusieurs de sang froid. L'un d'eux, que sauvoit en croupe le capitaine Ruydas, fut tué par derrière du même coup de lance qui coûta la vie à son bienfaiteur. Blessé, pris et désarmé, Pedro de Lerma fut lâchement poignardé par Juan de Samaniego, son ennemi particulier. Deux cavaliers de Pizarre portoient Orgognos, qui étoit blessé à mort; ils plaignoient son infortune après avoir admiré son courage: survient un troisième cavalier qui l'achève froidement à coups de lance. Ainsi périt le fier Orgognos, aussi distingué par ses talens que par l'énergie de son caractère. Après avoir servi en Italie sous le connétable de Bourbon, il porta dans le Nouveau-Monde toute la sévérité de la discipline européenne. Il savoit allier la prudence et l'audace, et il auroit pu sauver son parti, si Almagro avoit eu autant de confiance dans ses conseils que dans sa bravoure.

Les cruautés qu'exercèrent les vainqueurs rendirent les deux partis irréconciliables ; il fut impossible à Fernand de gagner les officiers d'Almagro qui survécurent à leur défaite : aigris et humiliés, ils ne parlèrent que de vengeance. Fernand les chassa tous de Cusco. Le pillage de cette ville ne satisfit point la cupidité de ses soldats, et ses propres officiers affichèrent des prétentions extravagantes. Fernand, pour s'en délivrer, sépara l'armée, et envoya ses officiers faire de nouvelles découvertes. La plupart des vaincus suivirent la destination des vainqueurs, et les Pizarre crurent alors n'avoir plus rien à craindre ni de leurs amis, ni de leurs ennemis.

Mais rien ne pouvoit calmer le ressentiment des partisans d'Almagro ; ils éclatèrent imprudemment en murmures, en menaces, formèrent un complot pour le délivrer, et ne firent que hâter sa mort. Les Pizarre l'avoient déjà résolue, croyant qu'elle étoufferoit tous les germes de discorde. Almagro fut accusé de trahison, et condamné par des juges vendus aux vainqueurs. Ce vieux capitaine avoit souvent bravé la mort sur le champ de bataille ; mais quand il la vit sous une forme ignominieuse il ne put l'envisager sans effroi. Il essaya de toucher le cœur des Pizarre, et s'abaissa même jusqu'à des supplications indignes d'un soldat. « Quoi ! leur dit-il en
» présence de ses juges, quoi ! pouvez-vous
» briser ainsi tout-à-coup les liens sacrés de
» l'honneur et de l'amitié ? N'ai-je pas été
» l'artisan de votre fortune, de vos succès,
» de votre élévation ? Oseriez-vous fouler
» aux pieds la garantie du brave Diego d'Al-
» varado et le traité conclu sous sa média-

» tion ? O Fernand ! ô Gonzale ! qui vous
» a sauvé la vie quand vous étiez en mon
» pouvoir? N'ai-je pas résisté aux sollicitations
» de mes capitaines qui demandoient votre
» mort? Et vous, Fernand, ne vous ai-je pas
» rendu la liberté sans condition ? Ah! si
» vous oubliez mes services, si l'amitié, si
» les traités ne sont rien quand vous triom-
» phez, au moins respectez mes cheveux
» blancs, ayez pitié d'un vieillard accablé
» d'infirmités, qui se traîne aux portes du
» tombeau; n'abrégez point, par une mort
» flétrissante, le peu de jours qu'il me reste
» encore à vivre. De quel droit d'ailleurs
» me condamnez-vous ? Est-ce à vous qu'il
» appartient de me juger ? Non ! j'en appelle
» à notre Empereur, j'en appelle au Dieu
» tout-puissant qui peut me susciter des
» vengeurs ! Mais que dis-je ? vous n'êtes
» point des bourreaux, vous ne consom-
» merez pas une iniquité, vous respecterez
» mes honorables cicatrices, vous serez tou-

» chés des prières de celui qui fut votre ami,
» et vous le laisserez vivre pour qu'il puisse
» se réfugier dans les bras de la religion, et
» implorer le pardon de ses fautes ».

Ce discours arracha des larmes non-seulement aux amis, mais encore aux ennemis d'Almagro. Les Pizarre seuls demeurèrent inflexibles. « Vous m'étonnez, Don Diego,
» répondit Fernand ; je ne retrouve plus en
» vous ces sentimens d'une ame élevée. Re-
» venez à vous-même ; ayez plus de fer-
» meté, plus de caractère, et dans vos der-
» niers momens ne ternissez point, par une
» foiblesse indigne de vous, la réputation
» que vous vous êtes acquise. Puisque votre
» mort est résolue, puisqu'elle est inévitable,
» soumettez-vous aux décrets de la provi-
» dence, et mourez avec plus de résignation
» et de courage ».

Le malheureux Almagro retrouva sa dignité en perdant toute espérance, et attendit la mort de sang froid. On l'étrangla dans sa prison, ses bourreaux traînèrent son corps sur la place de Cusco, et le décapitèrent. Il y resta exposé un jour entier baigné dans son sang. Nul n'osoit l'enterrer, dans la crainte de déplaire aux Pizarre. Un nègre, autrefois son esclave, n'écoutant que son attachement et sa piété, le couvrit de ses vêtemens, et lui rendit les derniers devoirs.

Almagro laissoit un fils unique qu'il avoit eu d'une Indienne de Panama; et, comme s'il eût pressenti qu'il le vengeroit un jour, il lui avoit résigné son gouvernement en vertu du pouvoir qu'il en avoit reçu de l'Empereur.

Se croyant les maîtres du Pérou, les Pizarre décidèrent que Fernand iroit rendre compte de leur conduite à Charles-Quint, pour s'assurer l'approbation de ce monarque. Les amis de Fernand, inquiets de sa réception en Espagne, furent d'avis qu'il ne devoit point hasarder ce voyage. Fernand fut entraîné, non qu'il manquât de prévoyance,

mais son audace lui faisoit braver tous les dangers qui lui étoient personnels. Avant son départ il dit au gouverneur, son frère, de se défier de tous ceux qui avoient servi sous Almagro et de ne jamais permettre qu'ils puissent se trouver plusieurs ensemble ; « Car, ajou-
» ta-t-il, dès qu'ils seront trois, ils conspi-
» reront contre vous ». Mais à quoi servent les pressentimens et les conseils de la prudence contre une destinée inévitable ?

LIVRE VI.

Expédition de Gonzale et d'Orellana. — Domination de François Pizarre. — Arrestation de Fernand Pizarre à Madrid. — Mesures adoptées par Charles-Quint pour pacifier le Pérou. — Conjuration contre François Pizarre. — Mort de ce Gouverneur et triomphe du parti d'Almagro.

Pizarre n'ayant plus de rival, prit librement possession de tout l'empire du Pérou et de ses richesses ; mais son ambition n'étoit point satisfaite : au lieu de faire régner la justice et la paix, il tourna toutes ses vues vers de nouvelles conquêtes, et devint insatiable de domination. Il envoya Pierre de Valdivia au Chili pour y pénétrer de nouveau et s'y maintenir ; il dépouilla Benalcazar, conquérant de Quito, du gouvernement de ce royaume, en faveur de Gonzale Pizarre, comme si le Pérou seul n'eût pas suffi à l'avidité de sa famille. Tout aussi ambitieux que son frère, Gonzale se chargea de la découverte et de la conquête du pays qui est à l'orient des Andes, et qui, suivant le rapport des Indiens, produisoit de la canelle en abondance. Il partit de Quito à la tête de trois cent quarante Espagnols et de six mille Indiens auxiliaires, s'enfonça dans une région inconnue, et voulant se frayer un passage sur le sommet des Andes, il y vit périr de froid et de fatigue un grand nombre d'Espagnols et d'Indiens. D'autres malheurs attendoient Gonzale dans la plaine : des pluies continuelles tombèrent pendant deux mois entiers ; et pendant deux mois, ses troupes ne marchèrent qu'à travers des bois et des marais et au milien d'un pays désert ; on n'y rencontroit de loin en loin que des tribus sauvages qu'il falloit repousser. A la plus déplorable détresse, aux difficultés sans cesse renaissantes, Gonzale opposoit la persévérance et un courage indomptable, seules vertus des conquérans espagnols dans le

Nouveau-Monde. Gonzale et ses compagnons, qui les possédoient au plus haut degré, persistèrent dans leur périlleuse entreprise. Ils avoient déjà dépassé les sources des trois grands fleuves de l'Amérique méridionale, qui surpassent tous ceux de l'ancien monde par la largeur de leur lit et la longueur de leurs cours. La superbe Amazone, alors inconnue, revendique le premier rang. Formée de plusieurs torrens qui s'échappent des Andes, et gênée d'abord par des rochers qui rendent sa navigation difficile, elle développe et prolonge ensuite son cours à travers des gorges, des vallées, des forêts et de vastes solitudes ; un grand nombre de rivières tributaires lui apportent successivement leurs eaux ; son embouchure est semblable à une mer, et l'œil peut à peine découvrir ses deux rivages. Là s'établit une lutte épouvantable entre les eaux du fleuve, qui tendent à envahir le domaine de l'Océan, et les flots de l'Océan qui se pressent pour entrer dans le lit du fleuve. D'énormes masses d'eau s'élevant de quinze à vingt pieds, comme d'épaisses murailles, tombent ensuite avec fracas, retentissent au loin, et engloutissent les navires qui osent s'en approcher. Ce fut sur la Napo, l'une des plus grandes rivières qui se jettent dans l'Amazone, que Gonzale fit construire une barque pour se procurer des vivres et aller à la découverte. Cinquante Espagnols la montèrent sous le commandement d'Orellana. Ce lieutenant de Gonzale eut ordre d'attendre l'expédition au confluent de la Napo et du fleuve. Bientôt le courant l'entraîne avec rapidité, et il perd de vue ses compatriotes. Ambitieux et entreprenant, le jeune Orellana forme le projet, aussi hardi que perfide, d'abandonner son général, pour se livrer seul à la gloire des découvertes. Il entre en effet dans le fleuve sur une barque construite à la hâte, n'ayant ni provisions, ni instrumens, ni pilotes; il découvre l'immense pays qu'arrose l'Amazone, dépouille les tribus féroces qui habitent ses rives, et, après une suite de dangers infinis, il débouche dans l'Océan, rencontre de nouveaux périls, et aborde enfin en Espagne. Nul voyageur n'avoit encore rien tenté d'aussi téméraire. Orellana pallia sa désertion, et, dédaignant la gloire d'avoir découvert le premier les régions qui s'étendent depuis le revers des Andes jusqu'à la mer Atlantique, il publia une relation fabuleuse, et prétendit avoir vu une république d'Amazones, et un pays où tout étoit d'or : ainsi le plus grand fleuve de l'Amérique doit son nom à une fable et sa découverte à un imposteur.

Gonzale et ses soldats ne trouvèrent, au confluent de la Napo et de l'Amazone, ni Orellana, ni barque, ni vivres; consternés, ils s'avancèrent à plus de cinquante lieues le long du fleuve, et apprirent enfin qu'Orellana les avoit abandonnés dans les déserts. Cette fuite ne laissoit plus aucune espérance de se procurer des ressources; elle ébranla le courage des plus hardis vétérans de l'expédition ; ils demandèrent ouvertement à revenir sur leurs pas : Gonzale céda, mais à regret. Douze cent milles le séparoient de Quito. Dans cette marche si longue, si pénible, les Espagnols furent réduits à se nourrir de racines, de chevaux, de chiens, de reptiles, des cuirs de leurs selles et de leurs baudriers. Quatre mille Indiens auxiliaires et deux cents Espagnols succombèrent en route ; quatre-vingts seulement arrivèrent à Quito avec Gonzale ; ils étoient nuds comme des sauvages, exténués de fatigue et de faim, et ressembloient plutôt à des spectres qu'à des hommes.

Pendant l'absence de ses deux frères, le gouverneur resta seul chargé du fardeau de l'administration du Pérou ; il fit un autre partage de terres et de nouvelles répartitions d'Indiens, non avec l'impartialité d'un sage législateur, mais avec l'avidité et l'injustice d'un chef de parti, qui ne connoît plus d'autres règles que l'usurpation et la violence.

Pizarre avoit cependant une telle étendue de territoire à partager, qu'il auroit pu contenter facilement et ses amis et ses ennemis; mais il distribua les districts les plus peuplés et les mieux cultivés à ses favoris et à ses frères, n'appelant au partage aucun des anciens partisans d'Almagro, pas même ceux qui avoient le plus contribué à la conquête du Pérou. Les mécontens blâmèrent sa rapacité et son injustice; ils joignirent cette nouvelle offense au souvenir de la mort de leur chef, et se livrant à tous les sentimens de la haine, ils n'attendirent plus que l'occasion de se venger.

Parmi les officiers d'Almagro qui avoient survécu à leur défaite, il y en eut qui devancèrent Fernand Pizarre en Espagne pour l'accuser. Fernand se montra lui-même à Madrid avec la magnificence d'un prince. Il fit l'apologie de sa conduite et de l'administration de ses frères; il imputa au parti d'Almagro tous les malheurs et les déchire-

mens du Pérou. Mais Fernand eut bientôt un redoutable ennemi dans la personne de Diego d'Alvarado, le même qui lui avoit sauvé la vie au Pérou, en se rendant caution de sa liberté auprès d'Almagro. Indigné de la mort de ce capitaine et de la mauvaise foi des Pizarre, Diego se porta l'accusateur de Fernand devant Charles-Quint, et le défia dans un combat singulier. « Je prouverai,
» dit il, les armes à la main, devant Dieu
» et devant mon Roi, que Fernand est un
» traître, qu'il a violé sa foi que j'avois
» garantie, et qu'il est lui-même coupable
» de tous les crimes dont il veut charger la
» mémoire d'Almagro ». Dans sa vive in-
» dignation, Diego accusa Fernand de répandre de l'or et des pierreries pour se faire un parti à la cour ; il en produisit même des preuves qui compromirent plusieurs courtisans. Une mort inopinée vint l'arrêter dans le cours de sa dénonciation ; elle fit naître des soupçons d'empoisonnement qui

s'accréditèrent. Diego d'Alvarado fut regardé, à Madrid et au Pérou, comme un nouvel exemple de vertu malheureuse, comme une victime qui n'avoit pu échapper à une cour corrompue. Fernand ne triompha point de sa mort; les courtisans oublièrent ses présens et l'abandonnèrent. Cet homme fastueux, qu'on avoit vu si arrogant dans la prospérité, languit pendant vingt-trois ans dans une prison, et supporta l'adversité avec autant de constance qu'il en avoit montré pour arriver à la fortune.

Les ministres de Charles-Quint sentirent la nécessité de remédier promptement au désordre du Pérou, et ils proposèrent d'y envoyer un commissaire royal pour y comprimer les factions, et régler le régime intérieur de la colonie. Charles-Quint approuva cette mesure, et en confia l'exécution à Christophe Vaca de Castro, juge de l'audience royale de Valladolid : ce choix honoroit le monarque. Aussi ferme que loyal, Vaca de

Castro possédoit en outre les talens d'un bon administrateur. On ne lui conféra que le titre de juge, pour ne point effaroucher le gouverneur, dont on redoutoit la puissance; mais des pouvoirs secrets l'autorisoient à s'emparer du gouvernement dans le cas de la mort de Pizarre, événement desiré ou prévu à la cour. Le gouverneur étoit exposé en effet à la haine d'un parti vindicatif et entreprenant, plus comprimé qu'abattu, et sa perte étoit jurée. Entrons dans les détails de cette trame, ourdie avec autant d'adresse que d'audace.

Quand Pizarre fit exécuter Almagro, il envoya son fils prisonnier à Lima. Ce jeune homme se nommoit Don Diego, comme son père; il avoit une physionomie heureuse, étoit d'ailleurs plein de graces, de courage et de franchise; sa libéralité étoit excessive. Son père, au moment de recevoir la mort, l'avoit particulièrement recommandé à son ami Juan d'Herrada, gentilhomme castillan, qui s'étoit chargé de son éducation. Sous ce dernier rapport, le jeune Almagro se montroit supérieur à son père, auquel il n'avoit manqué que la connoissance des lettres. Herrada avoit une ame forte et concentrée, un caractère ardent; il nourrissoit dans le cœur de son élève toute la haine dont il étoit lui-même animé contre Pizarre. Il suivit Don Diego à Lima, et s'honora de partager sa prison.

Le gouverneur croyant tout pacifié, accorda au jeune Almagro la ville pour retraite, avec la jouissance d'une partie des revenus de son père: sa maison devint bientôt le rendez-vous et l'asyle des mécontens. Depuis la mort d'Almagro, on avoit publié contre ses adhérens un ordre du gouverneur qui défendoit de leur donner aucun secours sous les peines les plus sévères; il leur étoit même interdit de passer en Espagne, dans la crainte que leurs plaintes ne parvinssent à l'Empereur. Le malheur les avoit aigris; ils étoient au désespoir. Après avoir erré long-temps dans le Pérou, sans y trouver ni sûreté ni protection, ils s'attachèrent au fils de leur ancien chef, qu'ils regardoient comme son successeur légitime. Il n'étoit question dans leurs assemblées nocturnes que de projets de vengeance. Le séjour du gouverneur à Lima et l'absence de ses deux frères paroissoient favorables aux mécontens. Juan d'Herrada étoit l'ame de leurs complots; on n'agissoit que d'après l'avis de cet ami fidèle, guide de l'inexpérience du jeune Almagro. Ce parti devint redoutable; il comptoit plusieurs gentilshommes distingués, tels que Juan de Sayavedra, Manuel d'Espinar, Alphonse de Montemayor, Nugnez de Mercado, Juan de Guzman, Ponce de Leon, Lopez d'Ayala, et d'autres officiers qui avoient servi sous Almagro.

Le gouverneur fut bientôt informé que Don Diego partageoit ses revenus avec les mécontens pour se les attacher davantage. Il voulut les gagner et leur offrit des places; mais tous refusèrent, et firent serment de ne jamais rien accepter de Pizarre. Alors on conseilla au gouverneur de séquestrer les biens de Don Diego pour lui enlever les moyens de soutenir ses partisans. On ne fit que les irriter davantage; ils s'unirent plus étroitement encore, et mirent entre les mains d'Herrada tout ce qu'ils possédoient, pour qu'il réglât lui-même la dépense commune. Ensuite ils se procurèrent des armes, et résolus d'attenter à la vie du gouverneur, ils appelèrent de tous les points du Pérou ceux de leurs amis qui pouvoient les seconder.

Plus de deux cents se donnèrent rendez-vous à Lima, où ils arrivèrent de trois à quatre cents lieues. Leur nombre augmentoit tous les jours, de sorte qu'ils s'inspiroient une mutuelle confiance, une égale hardiesse.

Mais une conspiration dont tant de personnes avoient le secret ne pouvoit rester long-temps ignorée. Pizarre fut averti de se tenir sur ses gardes. Soit excès de confiance, soit mépris pour ses ennemis, il fit peu de

cas des avis qui lui parvenoient de tous les côtés. En vain ses confidens le pressèrent de détruire la faction d'Almagro par l'exil et par les supplices. « Laissez en repos ces mal-
» heureux, répondoit Pizarre; ne sont-ils
» pas assez punis par la honte de leur dé-
» faite, par la haine publique et par la mi-
» sère qui les accable? Ne craignez rien pour
» ma vie, elle est en sûreté tant qu'on saura
» dans le Pérou que je suis en état de punir
» de mort quiconque oseroit y attenter ».

L'excessive sécurité de Pizarre enhardit les conjurés; ils s'assemblèrent plus fréquemment, mais sans pouvoir s'accorder sur les moyens d'exécution. Les uns vouloient tuer Pizarre sur-le-champ et se soulever aussitôt pour s'emparer du Pérou. D'autres (et c'étoit le plus grand nombre) frémissoient de l'idée de commettre un assassinat, et n'auroient voulu venger Almagro que par des voies légales. Ce dernier avis prévaloit depuis qu'on annonçoit l'arrivée d'un juge royal chargé de prendre des informations sur les désordres du Pérou; l'objet de sa mission servoit de prétexte à ceux qui refusoient de prendre un parti décisif.

Tous ces délais mettoient en péril les chefs de la conspiration. Herrada indigné, ne voyant de salut que dans une prompte attaque, voulut y amener les conjurés par la détresse et le désespoir. Il étoit leur caissier, et pouvoit aisément les priver de toutes ressources. Bientôt, en effet, douze gentilshommes n'eurent plus qu'une seule chambre pour tous, et qu'un seul manteau dont ils se servoient tour-à-tour; mais ils supportèrent ce malheur avec tant de constance et de dignité, qu'il fallut recourir à un expédient plus décisif. Herrada imagina de les compromettre, pour qu'il n'y eût plus à différer l'attaque, et en conséquence il attacha lui-même pendant la nuit, au gibet de Lima, une corde qui venoit aboutir aux fenêtres de Pizarre. Supérieur à ce trait d'une injurieuse audace, le gouverneur l'attribua uniquement à la haine impuissante, et il resta impassible, tandis que les conjurés trembloient pour leurs têtes. Herrada se voyant sur le point de triompher de leur indécision, les rassembla et leur dit :

« Nous avions tous juré de venger la mort
» d'Almagro et de nos malheureux compa-
» gnons si lâchement égorgés après leur dé-
» faite. Avons-nous déjà oublié cet infortuné
» capitaine sous lequel nous avons si glorieu-
» sement combattu ? Qu'attendons - nous
» pour appaiser son ombre ? Pourquoi hésiter
» encore ? Notre profond ressentiment n'est-
» il pas connu ? N'avons-nous pas éveillé le
» soupçon par trop d'imprudence ? Déjà le
» tyran arme ses satellites ; tout est perdu
» s'il prévient nos coups. Je le sais, il en est
» parmi nous qui sont encore retenus par l'idée
» de commettre un assassinat ; mais peut-on
» nommer ainsi une attaque à force ouverte ?
» C'est en plein jour, c'est l'épée à la main,
» c'est au milieu des gens qui lui sont

» dévoués que je veux tuer le tyran. Eh!
» n'est-il pas tout couvert du sang de nos
» amis? D'autres s'imaginent que c'est la
» cour de Madrid qui se charge de venger
» nos injures. Et depuis quand les rois ven-
» gent-ils la querelle de leurs sujets? N'avons-
» nous pas combattu les uns contre les au-
» tres? Vainqueurs ou vaincus, ne sommes-
» nous pas tous coupables aux yeux d'une
» autorité ombrageuse? Ce n'est point un
» juge qu'elle envoie, c'est un maître qui
» nous écrasera tous s'il nous trouve in-
» certains ou divisés. Au contraire, loin de
» recevoir la loi, nous la dicterons nous-
» mêmes si nous avons le courage d'atta-
» quer et de vaincre. O mes amis! laisserons-
» nous jouir paisiblement de nos dépouilles
» les lâches qui ont foulé aux pieds ce qu'il
» y a de plus sacré parmi les hommes? A
» quoi nous aura servi de verser notre sang
» avec le généreux Almagro pour conquérir
» les richesses du Pérou? Sans asile, sans

» vêtemens, sans nourriture assurée; nous
» ne savons pas aujourd'hui où reposer nos
» têtes; méprisés, proscrits, on n'ose pas
» même nous regarder en face dans la crainte
» de déplaire au tyran. Telle est notre si-
» tuation : il faut en changer ou périr; il faut
» nous élever avec le digne héritier des vertus
» de notre illustre capitaine; désigné notre
» chef, il nous prouve depuis deux ans par
» le témoignage de sa piété filiale, par sa
» générosité, par ses progrès rapides, qu'il
» est digne de nous commander. Eh bien !
» marchons tous à la voix de Don Diego;
» vengeons-nous, et les honneurs, les ri-
» chesses deviendront le prix de notre cou-
» rage ».

Dès qu'Herrada eut cessé de parler, Don Diego se leva, et fit renouveler le serment de venger la mort de son père. L'ardeur des conjurés fut telle, que douze d'entre eux s'offrirent pour aller, à l'instant même, poignarder Pizarre; mais Herrada s'y opposa. Il fut convenu qu'on l'attaqueroit le dimanche suivant, au moment où il iroit à la messe de la cathédrale.

Cependant le bruit d'une conspiration contre le gouverneur s'accréditoit et inquiétoit ses amis. François de Chaves et Juan Vellasquez le pressèrent vivement de s'entourer d'une garde imposante. « La tête des factieux,
» leur dit Pizarre, répond assez de la mienne,
» et je n'ai pas besoin de m'environner de
» soldats. D'ailleurs cette mesure seroit mal
» interprétée ; mes ennemis ne manque-
» roient pas de m'accuser de prendre des
» précautions contre le juge royal qu'on
» envoye de Madrid. Continuez de veiller
» sur moi : votre zèle et votre amitié me ras-
» surent ».

Juan Vellasquez commença par ordonner quelques dispositions pour la garde du palais. Herrada, qui s'y étoit ménagé des intelligences, sut qu'on se préparoit à sévir contre lui et ses amis. Le danger étoit imminent ; il

falloit ou éclater à l'instant même, ou inspirer à Pizarre une fausse sécurité. Herrada s'arrête à ce dernier parti, et se rend aussitôt au palais de Pizarre, auquel il fait demander audience. On l'introduit dans le jardin où étoit le gouverneur. Herrada l'aborde et-le prie instamment de lui faire connoître quels peuvent être ses torts. « Je sais, ajoute Herrada, que
» ma perte est résolue, que tous mes amis
» sont menacés. De quoi nous accuse-t-on ?
» que votre excellence daigne nous l'apprendre ?
» Depuis trop long-temps la haine et
» l'acharnement nous poursuivent; ne sommes-nous
» pas assez malheureux, et veut-
» on nous réduire au désespoir »?

Pizarre proteste qu'il n'a jamais eu de semblables intentions; il reproche au contraire à Herrada et à ses amis de comploter sourdement, et même d'avoir des armes pour attenter à sa vie. « Votre excellence, répond Herrada
» sans se troubler, doit-elle s'étonner
» que nous prenions des cuirasses pour nous

» défendre, quand elle fait distribuer des
» lances pour nous attaquer? Toutes ces dé-
» fiances pourroient se dissiper en un moment,
» si votre excellence permettoit à Don Dié-
» go et à ses amis de sortir du Pérou; c'est
» la seule grâce que je sois chargé de solli-
» citer ».

Pizarre s'efforce de rassurer Herrada en termes obligeans, et cueillant lui-même des orangés (fruits alors très-rares au Pérou); il les lui offre, le tire à l'écart, lui dit qu'il est disposé en sa faveur, et que s'il veut lui faire connoître ses besoins, il lui donnera des témoignages éclatans de son intérêt et de son estime.

Herrada remercie Pizarre, lui prend la main, la lui baise, se retire et court annoncer aux conjurés qu'il vient de désarmer le tyran.

Toute hésitation cesse à l'instant même, et l'heure de l'attaque est assignée pour le lendemain. Les conjurés éprouvoient cette anxiété pénible qui précède ordinairement l'exécution d'un projet redoutable, quand l'un d'eux, nommé Guévaro, fut tout-à-coup arrêté par un sentiment religieux. Les remords l'agitent, et le cri de sa conscience l'amène le soir même aux pieds des autels pour révéler à un prêtre de Lima, tous les détails de la conspiration. Le prêtre courut avertir Pizarre, qui d'abord se troubla; mais reprenant bientôt son caractère, il soutint que ce récit n'etoit qu'une fable imaginée par un misérable qui vouloit se procurer une récompense : son explication avec Herrada suffisoit à ses yeux pour dissiper toutes craintes. Tel fut aussi le sentiment de Juan Vellasquez, lieutenant de Pizarre.

Pendant la nuit le gouverneur éprouva une secrète inquiétude, un pressentiment vague qu'il ne put surmonter; et pour ne pas s'exposer le lendemain (jour fixé par les conjurés), il prétexta une indisposition, et fit dire la messe dans l'intérieur de son palais; ensuite il admit à son audience les principaux habitans de Lima, et retint avec lui son lieutenant général, et le capitaine François de Chaves.

Les conjurés n'ayant point vu sortir Pizarre qu'ils attendoient, se crurent trahis et furent glacés d'épouvante. Ils alloient se disperser, quand Herrada, inspiré par la force de son caractère, parut au milieu d'eux, l'épée à la main. « Amis! s'écria-t-il, c'est moi qui ai fait
» avertir Pizarre de ne point sortir de son pa-
» lais, car il eût été dangereux de l'attaquer
» aujourd'hui au milieu de la foule; mais
» l'heure de la vengeance est sonnée, cou-
» rons immoler le tyran; il est presque seul
» et deux cents de nos amis sont prêts à nous
» seconder ». Herrada s'élance aussitôt à la tête de douze conjurés ayant comme lui l'épée à la main; il traverse précipitamment une rue, puis une place aux cris de *mort au tyran! vive le roi! périsse le traître!* En les voyant agir si ouvertement, les habitans de Lima les croyent déjà les maîtres, et nul n'ose se déclarer contre eux. Herrada arrive jusqu'au

palais du gouverneur et laisse à la première porte un des conjurés, l'épée à la main, avec ordre d'annoncer hardiment la mort de Pizarre afin d'écarter tous ceux qui tenteroient de venir à son secours. Ensuite il traverse sans s'arrêter les deux cours du palais, et parvient au pied du grand escalier qu'il monte à la hâte. Pizarre sortoit de table, ses domestiques venoient de s'éloigner. Frappé de ce bruit confus et sinistre, averti par un page qui étoit de garde, il se lève, demande ses armes et ordonne à François de Chaves de s'assurer des portes intérieures. Cet officier se trouble; au lieu de fermer les salles, il se présente au haut du grand escalier, veut savoir des conjurés quel est leur dessein, et tombe à l'instant percé de plusieurs coups mortels. Les conjurés pénètrent; dix ou douze Espagnols et Vellasquez lui-même prennent lâchement la fuite. Alcantara, frère de Pizarre, et ses deux pages, Vergas et Escandon, mettent courageusement l'épée à la main, et joignent le gouverneur, qui s'armoit dans un appartement reculé : les conjurés les suivent. Pizarre n'achève point d'attacher sa cuirasse, et bravant tous les dangers, il s'avance avec son épée et son bouclier vers la porte que défendoient son frère et ses deux pages. Les conjurés font d'inutiles efforts pour la forcer. « Courage, » mon frère, s'écrie Pizarre, faisons repen- » tir ces traîtres de leur audace ». Alcantara n'avoit ni cuirasse ni bouclier; atteint de plusieurs coups d'épée, il tombe mort aux pieds de Pizarre. Les deux pages prennent aussitôt sa place et défendent intrépidement la porte. La durée du combat pouvoit donner le temps aux partisans de Pizarre de se rallier et de venir charger les conjurés par derrière. Herrada voulant éviter ce danger, saisit son ami Narvaez, le pousse vers la porte et le jette dans la salle où étoit Pizarre. Ce dernier fond sur Narvaez et l'étend mort sur la place. Herrada profite de ce moment pour pénétrer avec tous les conjurés. Il attaque aussitôt Vergas et Escandon, qui faisoient à Pizarre un rempart de leurs corps. Assaillis de toutes parts et percés de plusieurs coups, ces deux fidèles gentilshommes tombent baignés dans leur sang. Pizarre reste seul contre tous; déjà quatre conjurés ont expié leur audace à ses pieds; les autres, couverts de blessures, transportés de rage et altérés de sang, se précipitent sur lui. Blessé, épuisé de fatigue, à peine peut-il se soutenir encore. Enfin Herrada lui porte un coup d'épée qui lui perce la gorge de part en part. Pizarre chancelle, lève les yeux vers le ciel, tombe, trace avec ses doigts et son sang une croix sur le parquet, et rend le dernier soupir ayant sa bouche collée sur ce signe révéré de sa religion.

Couverts de sang et ivres de joie, les conjurés sortent du palais, en tenant en l'air leurs épées sanglantes; ils parcourent ainsi les rues de Lima, proclamant leur victoire et la mort de Pizarre. Tous ceux que l'incertitude de l'événement avoit retenus, se montrèrent alors à découvert, et se joignirent aux meurtriers du gouverneur. Ses partisans et ses amis furent arrêtés et désarmés; il y en eut qui payèrent de la vie leur fidélité à sa personne et à sa mémoire. On pilla, on brûla leurs maisons, sans être touché par leurs larmes, ni par les prières de leurs femmes et de leurs enfans.

Herrada, qui vouloit établir, au sein même du désordre, la domination du jeune Almagro, le fit monter à cheval, le promena dans la ville, et s'adressant au peuple, il déclara que dans tout le Pérou il n'y avoit plus d'autre gouverneur ni d'autre roi que Don Diego. Les magistrats et les principaux habitans de Lima le reconnurent aussitôt pour successeur légitime de son père dans le gouvernement.

Le corps de Pizarre ne dut la sépulture qu'au dévouement d'un de ses anciens domestiques, nommé Juan de Barahama. Cet homme généreux mit d'abord en sûreté les enfans de Pizarre, et bravant une proscription inévitable, il déroba ses restes inanimés aux insultes de ses ennemis.

Quelle mort! quel exemple de l'incertitude des choses humaines! Un homme obscur s'élevant tout-à-coup par son caractère et son courage, découvre un grand empire, s'en empare et en obtient le gouvernement. Possesseur d'immenses richesses, il donne à ses amis, à ses créatures, à ses soldats, des biens et des revenus tels qu'aucun prince au monde n'en eut jamais d'aussi considérables à sa disposition. Cet homme qui avoit vécu long-temps en aventurier, gouverne pendant plusieurs années en monarque. Tout change en un moment. Ce favori de la fortune jusqu'alors si prévoyant, si sage, néglige, malgré tant d'avertissemens et de sujets d'alarmes, de mettre sa vie en sûreté. Il est attaqué en plein jour par treize conjurés, dans son propre palais, au milieu d'une ville dont tous les habitans étoient ses créatures, ses parens, ses amis ou ses soldats. Tous ses domestiques fuient et l'abandonnent ; il montre presque seul un courage héroïque, mais il succombe, et en un instant s'évanouissent ses richesses et sa grandeur.

Pizarre et Almagro eurent une certaine conformité de talens, de caractère et même de destinée. D'abord amis intimes, puis rivaux implacables, ils furent réciproquement la cause de leur mort. Doués tous deux de ce jugement sain, de cette pénétration rare, qui supplée à tous les avantages de l'éducation, ils se montrèrent habiles dans l'art de conduire et de gouverner les hommes. Également sobres, infatigables et courageux, ils eurent tous deux la passion de la guerre et des découvertes. Nul homme ne suivit jamais un projet avec plus de constance que Pizarre ; il fut conquérant et ne fut point dévastateur, s'occupant au contraire sans relâche de bâtir des villes, de fonder des colonies, d'établir au Pérou une police régulière, une administration fixe, et d'y introduire les productions, l'industrie et les manufactures d'Europe, voulant réunir les deux hémisphères par les liens de la sociabilité. Almagro ne s'éleva point à de si hautes conceptions; il jouit, il est vrai, moins long-temps de l'autorité, mais il fit paroître encore plus d'ambition que son rival ; il fut prodigue avec ostentation. Pizarre, plus modeste en apparence, déroboit soigneusement la connoissance de ses libéralités.

Tous deux occupés sans cesse de grands desseins, ils eurent de l'élévation dans l'ame, et supportèrent le malheur avec dignité ; ils ne montrèrent point cette ardente cupidité qui dévoroit leurs compatriotes. Les richesses n'étoient dans leurs mains que des instrumens utiles à leur ambition ; et on les trouva pauvres après leur mort. Ennemis du luxe et du faste, tour-à-tour nobles et populaires, sévères et indulgens, ils se firent des amis et des créatures qui surent les venger et n'avoient pas su les défendre. Tant de brillantes qualités furent obscurcies par des vices : ils aimèrent avec excès le jeu et les femmes. Moins réservé qu'Almagro, Pizarre eut pour maîtresse plusieurs Indiennes. Une sœur d'Atahualpa, Inca, lui donna un fils nommé Don Gonzale. Mais l'ambition et l'orgueil furent les passions dominantes de Pizarre et d'Almagro; c'est à l'orgueil et à l'ambition, joints à l'esprit de leur siècle, qu'il faut attribuer leurs violences, leurs rapines, et les cruautés qu'ils ont commises l'un et l'autre pour asseoir leur domination.

PIÈCE JUSTIFICATIVE.

PIÈCE JUSTIFICATIVE.

Harangue du Père Vincent Valverde, Aumônier des troupes de Pizarre, à l'Inca Atahualpa.

Vous devez savoir, grand et puissant roi, qu'il est nécessaire que vous et vos sujets soyez instruits de la vraie foi catholique, et que vous écoutiez et croyez ce qui suit.

Premièrement, qu'un seul Dieu en trois personnes a créé le ciel, la terre, et tout ce qui est au monde; que c'est lui qui donne pour récompense la vie éternelle aux gens de bien, et pour punition l'enfer aux méchans, dont les tourmens ne finissent jamais; que dès le commencement du monde, il créa l'homme de la terre, lui inspirant l'esprit de vie que nous appelons ame, et le fit à son image, à cause de quoi tout homme est composé de corps et d'ame raisonnable.

De ce premier homme, à qui Dieu donna le

nom d'Adam, nous sommes tous descendus ; et comme il pécha pour n'avoir point obéi au commandement de son créateur, en lui ont péché de même tous les hommes qui sont nés jusqu'à aujourd'hui et qui naîtront jusqu'à la fin du monde, n'y ayant ni homme ni femme qui soient exempts de cette tache, excepté Notre Seigneur Jésus-Christ. Le fils du vrai Dieu est venu du ciel en terre, où il a pris naissance de la Vierge Marie, pour racheter et délivrer de la tyrannie du péché tout le genre humain; enfin, il est mort pour notre salut, sur une croix de bois, semblable à celle que je tiens à la main ; voilà pourquoi nous, qui sommes Chrétiens, adorons la croix.

C'est lui qui, par sa propre vertu, est ressuscité et monté au ciel, où il est assis a la droite de Dieu, son père tout-puissant. Il a laissé sur la terre ses apôtres et leurs successeurs, afin que par leurs instructions et par d'autres voies salutaires, ils nous amenassent à la connoissance de sa divine majesté, et à l'observation de sa loi.

Lui-même encore a voulu que saint Pierre ait été prince des apôtres, de leurs successeurs et de tous les autres Chrétiens : comme aussi lieutenant de Dieu sur terre, et que les pontifes romains, que les Chrétiens appellent papes, aient la même autorité que Dieu lui a donnée; de sorte que. dèslors et à présent, ils ont toujours pris et prennent tous les soins qu'ils peuvent d'instruire les hommes en la loi du souverain créateur, et de leur prêcher sa sainte parole. Comme donc le pontife romain a su que tous les peuples de ces royaumes, abandonnant le culte du vrai Dieu, adoroient indignement les idoles, faites à l'image du diable, il a voulu les attirer à la connoissance du Tout-Puissant, et a donné à cet effet la conquête de ces pays à Charles, empereur des Romains, roi des Espagnes et monarque de toute la terre, afin qu'ayant subjugué ces nations et leurs rois, exterminé les rebelles et châtié les tyrans, il règne absolument sur tous ces peuples, les réduisant à l'adoration d'un seul Dieu et à l'obéissance de son église. Ainsi, quoique notre prince apporte une attention constante au gouvernement de tant de provinces et de royaumes qu'il possède, néanmoins il n'a pas voulu refuser de se charger de ce que le pape lui a si justement donné, pour procurer par-là le salut de tant de personnes. Voilà pourquoi il a tout aussitôt envoyé des capitaines et des soldats à l'exécution de cette entreprise, comme il a fait autrefois à la conquête du Mexique, et des terres voisines qu'il s'est assujéties par la force des armes, et qu'il a réduites à la vraie religion de Jésus-Christ, suivant, en cela, les commandemens de Dieu, qui veut que l'on remette dans le chemin du salut tous ceux qu'égarent une fausse religion.

Pour cet effet, le grand empereur Charles-Quint a choisi pour son lieutenant et son ambassadeur don François Pizarre, que voici, tant pour faire à vos provinces la même grace qu'aux autres, que pour établir une alliance perpétuelle entre Sa Majesté et vous, en sorte que vous et votre empire lui soyez tributaires : cela veut dire que payant tribut à l'empereur, vous lui soyez sujet et lui laissiez libre la possession de vos états, les soumettant à son gouvernement, à l'exemple de plusieurs autres grands rois. Voilà pour le premier point. Quant au second, l'on entend qu'après que vous aurez cédé le sceptre, soit de gré, soit de force, vous ayez à rendre une vraie obéissance au souverain pontife, et à bannir pour jamais l'abominable superstitiou des idoles, qui est de l'invention du diable, au lieu que notre religion vient de Dieu, source de toute vérité, et que la vôtre n'a pour objet que le mensonge et l'erreur. Vous devez donc, ô grand roi! vous porter volontairement à ce que je vous conseille, si vous aimez votre bien et celui de vos sujets. Sinon vous vous attirerez une guerre à outrance, où l'on mettra tout à feu et à sang, et par le moyen de laquelle vos idoles seront abattues; et ainsi l'on vous contraindra par la force à quitter malgré vous votre idolâtrie, pour recevoir la foi catholique et vous rendre tributaire à notre empereur, en lui cédant vos royaumes. Si vous vous obstinez, au contraire, assurez-vous que comme Dieu permit autrefois que Pharaon et tous ses gens de guerre périssent dans la Mer Rouge, il permettra de même que vous et vos Indiens soyez tous exterminés et détruits par nos armes. »

TABLEAU HISTORIQUE

TABLEAU HISTORIQUE

DE L'ORIGINE DES PÉRUVIENS;

ET DU RÈGNE DE LEURS INCAS.

L'histoire des Péruviens, avant que les Incas fussent parvenus à les soumettre à leurs lois et à leur forme de gouvernement, est enveloppée de ténèbres. Le plus digne de foi des historiens du Pérou, Garcilasso de la Vega, qui descendoit de la famille royale du côté de sa mère, prouve que les Incas ont humanisé et civilisé un peuple barbare qui erroit dans les forêts, sans lois, sans gouvernement, et qui n'ayant pas la moindre idée de vertu et de religion, n'étoit distingué des bêtes sauvages que par la parole et la figure humaine. L'horrible tableau qu'il nous a laissé des anciens Péruviens avant l'établissement de leur monarchie, est le plus bel éloge de la conduite des Incas ou monarques du Pérou.

Garcilasso confirme le récit de Blas Valera, qui

dit que les habitans des montagnes des Andes mangeoient de la chair humaine, et sacrifioient leurs amis et même leurs enfans aux serpens, qu'ils regardoient comme des dieux : les prisonniers de guerre étoient aussitôt mis en morceaux et distribués aux soldats pour leur nourriture. Ces barbares ignoroient entièrement l'art de bâtir, de semer, deplanter et de s'habiller ; les racines, les fruits et les herbes que la nature leur offroit d'elle-même suffisoient pour satisfaire à leurs besoins, et tout leur luxe et leur raffinement consistoient à manger de la chair de leurs semblables ; ils n'avoient aucune horreur d'étaler les membres sanglans de leurs prisonniers dans les boucheries et d'engraisser leurs enfans pour les servir à table comme des mets délicats. Une concupiscence, qui n'étoit retenue ni par les lois, ni par les coutumes, ni même par une modestie naturelle, étoit la passion dominante des Péruviens; ils multiplioient comme les bêtes sans aucune distinction, et satisfaisoient leurs desirs avec la première femme qu'ils rencontroient, n'ayant égard ni au sang, ni à la parenté quand il s'agissoit d'assouvir leurs passions charnelles, s'adressant sans distinction à leurs mères, à leurs filles, à leurs sœurs. Les filles les plus lascives et les plus impudiques, celles qui se prostituoient de la manière la plus éclatante et qui menoient la vie la plus dissolue, étoient les premières mariées. Certaines tribus étoient obligées de conserver la virginité de leurs filles jusqu'à ce qu'elles fussent parvenues à l'âge nubile ; alors on les exposoit en public, et on montroit à tout le monde la preuve de leur virginité ; dans d'autres tribus le péché de la sodomie étoit commun. Les sortiléges, la sorcellerie et l'art de l'empoisonnement étoient également connus de ces peuples sauvages. « Telle étoit la conduite de » ces brutes, dit Garcilasso, avant d'avoir reçu » les lois des Incas ».

Ce ne sont toutefois que des faits transmis par la tradition, et que cet historien royal a peints avec des couleurs frappantes pour rehausser la gloire des Incas, en démontrant les heureux effets de leur administration et les changemens admirables qui se sont faits dans les mœurs des peuplades les plus sauvages de la terre, par la prudence et la politique de ces monarques. C'est le plus éclatant et le plus sûr témoignage qui existe en faveur de la civilisation.

Mais la transition de l'état sauvage à l'état civilisé ayant toujours été considérée par les peuples, dans leur enfance, comme au-dessus de la puissance de l'homme, c'est presque toujours par une fable qu'on a expliqué l'origine de la civilisation et les travaux des premiers législateurs; du reste la tradition que rapporte Garcilasso à ce sujet, étoit universellement reçue par les Incas et par les Péruviens ; la voici :

Règne de Manco-Capac.

L'historien royal ayant demandé un jour à l'Inca son oncle quelle étoit l'origine de la nation, et comment les Incas étoient parvenus à la souveraine autorité, il lui répondit en ces termes :
« Cousin, je consens avec plaisir à satisfaire
» votre curiosité ; car il vous importe de con-
» noître ces merveilles et de les conserver pré-
» cieusement au fond de votre cœur. Apprenez
» donc que ce pays n'étoit autrefois qu'une forêt
» et un vaste désert, et les habitans des espèces de
» brutes sans religion ni gouvernement, privés
» de tous les arts nécessaires à la société; ils ne

» savoient ni semer, ni moissonner, ni bâtir, ni
» filer, ni fabriquer des étoffes. Ils habitoient par
» couples les autres, les rochers et les montagnes,
» et se nourrissoient de racines, d'herbes et de
» chair humaine. Ils n'étoient vêtus que de
» feuilles, d'écorces d'arbres et de peaux de bêtes;
» en un mot ils étoient entièrement sauvages;
» n'ayant d'ailleurs aucune femme en propre,
» elles étoient communes, et ils satisfaisoient
» leurs desirs avec le premier objet qu'ils rencon-
» troient.

» Tel étoit l'état de nos ancêtres quand notre
» père le Soleil eut compassion de leur misère; il
» envoya du ciel en terre un de ses fils et une de
» ses filles pour instruire notre peuple de sa divi-
» nité, afin qu'il pût l'adorer et lui rendre des
» hommages, et pour lui donner en même temps
» des lois, des préceptes, et en faire des hommes
» doués de raison et d'intelligence.

» Cet Inca se nommoit *Manco-Capac*, et la reine
» son épouse *Coya Mama de Huaco*; ils étoient
» tous deux enfans et frères du soleil et de la lune.

» Après leur avoir donné ses instructions, le soleil,
» notre père plaça ses deux enfans dans une île du lac

» de Titicaca (éloignée d'environ huit lieues de
» Cusco), avec pleine liberté de voyager dans tou-
» tes les parties du pays qu'ils jugeroient à propos
» de parcourir, à condition cependant que quand
» ils s'arrêteroient la nuit, ils enfonceroient dans
» la terre une baguette d'or qu'il leur avoit donnée.
» Cette baguette d'une demi-verge de long avoit
» un pouce d'épaisseur, et si elle s'enfonçoit
» d'un seul coup dans la terre, ils devoient alors
» fixer en ce lieu leur résidence future, et y établir
» une cour dont tous les peuples dépendroient.
» Il leur enjoignit en outre de suivre la raison, la
» justice, la piété, la clémence et la douceur. Lors-
» qu'ils eurent promis d'obéir, il les exhorta par-
» ticulièrement de s'acquitter de tous leurs devoirs
» envers leurs sujets, comme des parens envers des
» enfans chéris, et de suivre l'exemple de leur père
» le soleil, qui faisoit du bien à l'univers, lui four-
» nissoit la lumière et la chaleur, et faisoit germer les
» grains, croître les arbres, multiplier les trou-
» peaux, et rafraîchir la terre par la rosée du ciel.
» Imitez, ajouta-t-il, l'astre bienfaisant dont vous
» tirez votre origine ; chaque jour il fait le tour du
» monde afin d'en visiter toutes les parties et d'a-

» percevoir ce qui pourroit se trouver de défectueux
» pour y remédier. Je vous établis donc seigneurs
» et souverains de ce peuple, afin qu'il devienne
» raisonnable par vos instructions, et qu'il vive dans
» une société constante et régulière, favorisée par
» votre gouvernement. Ainsi notre père le soleil,
» continuoit l'Inca, après avoir déclaré ses volon-
» tés à ses deux enfans, les envoya pour exécuter
» cette importante mission. Ils commencèrent leur
» voyage depuis la partie septentrionale du lac de
» Titicaca, et essayèrent d'enfoncer leur baguette
» d'or en terre dans tous les lieux où ils se repo-
» soient, mais inutilement. Ils arrivèrent enfin dans
» la vallée de Cusco, qui étoit alors un désert sau-
» vage et stérile, et ayant encore essayé la baguet-
» te, elle entra dans la terre et s'enfonça si avant
» d'un seul coup, qu'on ne l'a jamais vue depuis.

» Ce fut dans cette vallée que l'Inca et sa sœur,
» qui étoit en même temps sa femme, établirent
» leur résidence; et comme c'est le premier lieu
» de leur demeure qui soit parvenu à notre con-
» noissance et que leurs pieds l'ont sanctifié, nous
» y avons élevé un temple pour y honorer et adorer
» notre père le soleil, et lui rendre des actions

» de grace pour cette faveur accordée au genre
» humain. Le prince notre Inca parcourut le pays
» vers le nord, tandis que son épouse et sa sœur
» dirigeoit ses pas vers le sud; ils déclaroient à
» tous les hommes qu'ils rencontroient dans les
» bois, les déserts et les lieux incultes, que leur
» père le soleil les avoit envoyés pour être les
» législateurs et les bienfaiteurs des Péruviens, et
» pour changer leurs mœurs grossières et sau-
» vages en une vie plus conforme à la raison et à
» la société humaine. Le peuple attentif fut saisi
» d'admiration et d'étonnement; il vit les enfans
» du soleil revêtus des habits que leur père leur
» avoit donnés; il observa qu'ils avoient les
» oreilles percées pour entendre les plaintes des
» opprimés, et qu'elles étoient ornées de bijoux
» comme une marque de la supériorité de leur
» naissance; il reçut avec avidité leurs paroles et
» leurs promesses, se laissa persuader, les adora
» comme les enfans d'un être supérieur, invoqua
» leur protection et se soumit à leur gouverne-
» ment. Les Péruviens se racontoient cette mer-
» veille les uns aux autres, et par ce moyen la
» réputation du prince et de la princesse se répandit

» bientôt, et les hommes et les femmes venoient
» en foule se ranger sous leur obéissance.

» En peu de temps ils rassemblèrent un grand
» nombre de sujets, et leur ordonnèrent de faire
» provision des fruits que produit la terre pour la
» nourriture de l'homme; d'autres travaillèrent à bâ-
» tir des maisons sur les plans que Manco-Capac leur
» en avoit donnés. Telle a été l'origine de Cusco,
» notre ville impériale. Notre premier Inca ensei-
» gna à son peuple les arts qui contribuent au
» bonheur de la vie, tels que l'agriculture et l'irri-
» gation; il leur apprit aussi à se chausser pour
» éviter les blessures des pierres et des épines, et à
» s'habiller pour n'être plus exposés à la rigueur
» du temps et aux vicissitudes des saisons. De son
» côté, la reine enseigna aux femmes toutes les
» occupations domestiques, comme filer le co-
» ton et tisser la toile ; faire des vêtemens pour
» leurs maris, leurs enfans et pour elles-mêmes.

» Les Péruviens, réduits à une forme de gou-
» vernement, se félicitoient de leur nouvelle con-
» dition; ils parcouroient les rochers et les forêts
» pour annoncer les bienfaits de la civilisation
» aux peuples sauvages qui accouroient de toutes

» parts pour y participer. Dans l'espace de sept à
» huit ans, les zélateurs de l'Inca devinrent si
» nombreux, que ce prince se vit en état de lever
» une armée considérable, et de réduire, par la
» force des armes ceux qui refusoient d'écouter
» ses avis, et qui ne vouloient point abandonner
» leurs mœurs barbares. Il enseigna aux Péruviens
» à faire des arcs et des flèches, et leur apprit à
» manier ces armes, si bien que leur puissance
» devint bientôt formidable, et qu'ils obligèrent
» tous les états voisins à se soumettre à des lois ca-
» pables de faire le bonheur du genre humain.

» En un mot, notre premier Inca soumit tout
» l'est jusqu'à la rivière de Paucartainpée ; quatre-
» vingts lieues à l'ouest jusqu'à la grande rivière
» nommée Apurimac, et neuf lieues au sud
» jusqu'à Guequezona. Il envoya des colonies
» dans plusieurs districts renfermés entre ces
» limites. Tels furent les commencemens de cette
» illustre ville et de ce vaste empire que vôtre
» père et ses compatriotes (les Espagnols) nous
» ont usurpés ; tels furent nos premiers Incas ou
» rois du Pérou dans les premiers siècles. Je ne
» saurois vous dire précisément combien il y a

» d'années que notre père le soleil envoya ses
» enfans parmi nous sur la terre; cependant je
» crois qu'il peut y avoir quatre cents ans. Main-
» tenant que j'ai entièrement satisfait à vos
» questions, je retiens mes pleurs de crainte de vous
» affliger; cependant si mes yeux ne versent point
» de larmes, mon cœur n'est pas moins attendri
» par la douleur que lui causent les calamités de
» notre empire et les malheurs de nos Incas ».

Tel étoit le récit fabuleux de l'origine et de l'établissement de la monarchie des Péruviens ; il étoit fort accrédité parmi les naturels du pays, et il est vraisemblable que Manco-Capac, premier Inca et législateur, l'avoit imaginé pour engager la multitude crédule à embrasser plus volontier sa doctrine, sous prétexte qu'elle venoit de Dieu.

Manco-Capac, après avoir fondé Cusco, sa capitale, et façonné ses sujets sauvages à la société, commença par former des colonies. Il fonda treize villages vers l'est, dans lesquels il envoya une tribu nommée *Roques*. A l'ouest il plaça trente villages dans l'espace de huit lieues ; ils devinrent si florissans, qu'en peu d'années tout le pays, jusqu'au chemin royal de Cantifuya, fut extrêmement peuplé. Le sage Inca prit un soin particulier d'inculquer dans l'esprit de ses sujets, des principes de chasteté et de délicatesse envers le sexe. Dans cette vue, il établit le mariage, et défendit expressément la polygamie. Il faisoit punir de mort l'adultère, le meurtre, la rapine et le vol; il établit un chef ou Curacas sur chacune de ces tribus ou colonies, qui gouvernoit le peuple en qualité de lieutenant de l'Inca.

Il crut que des notions de religion pouvoient contribuer à la perfection des mœurs; aussi ne négligea-t-il rien à cet égard; il régla les cérémonies du culte du soleil, et fit bâtir en son honneur un temple magnifique où il rassembla tous les ornemens capables d'exciter la vénération et le respect des Péruviens. Il fit élever aussi une espèce de monastère consacré au soleil, où se renfermèrent un certain nombre de filles choisies parmi les jeunes princesses de la famille royale. Mancq-Capac sut faire naître également, dans l'esprit de ses sujets, le plus profond respect pour la dignité impériale, en y attachant certains titres et des signes distinctifs. A cet effet il ordonna, qu'à son exemple, tous les mâles de sa famille eussent la tête rasée et qu'on ne leur laissât qu'une touffe de cheveux. Avoir les oreilles percées fut une autre marque de distinction particulière à la famille royale; mais la plus importante, celle que Manco-Capac se proposa afin de conserver un certain degré de vénération pour le sang royal, et sur-tout pour l'Inca, consistoit à porter un bandeau de laine rouge, qui faisoit plusieurs fois le tour de la tête en forme de turban. Cette espèce de diadème fut nommée *Llauta*.

Pour mettre certaines différences entre les nations et les tribus, y maintenir la subordination et l'ordre nécessaires à la société, l'Inca leur appropria certaines marques par lesquelles on les distinguoit entre elles ; par ce moyen il étoit facile aux magistrats de connoître l'auteur de quelque crime, et de le punir suivant la loi qu'il avoit violée.

Telles étoient les lois établies par Manco-Capac, législateur souverain d'une nation grossière et sauvage. Elles furent reçues par les Péruviens avec applaudissement et reconnoissance. Heureux et dans l'abondance, ils rapportèrent tout à la bonté de l'Inca, qui les avoit tirés du rang des bêtes soit pour leur faire goûter les douceurs de la société, soit pour leur faire connoître et adorer le soleil, source de la lumière, de la chaleur, et dispensateur de tous les biens. Ils regardoient l'Inca comme la cause seconde qui agissoit immédiatement sous la direction du premier auteur de toute chose.

Après un règne heureux de trente à quarante ans, Manco-Capac, sentant ses forces diminuer, assembla sa famille, qui étoit fort nombreuse, ainsi que ses principaux sujets, dans la ville de Cusco, et leur fit un long discours qu'il nomma son testament, et dans lequel il recommanda à son fils, *Sinchi-Roca*, son héritier, un véritable amour pour ses sujets, et aux Péruviens la fidélité, le zèle et l'obéissance qu'ils devoient au souverain et aux lois; il ajouta qu'étant sur le point de s'élever au ciel pour se reposer dans les bras de son père le soleil, il espéroit qu'ils vivroient tous ensemble dans une paix et une union parfaites; qu'il veilleroit lui-même d'en haut sur leur conduite, et qu'il leur apporteroit des secours et des consolations, pourvu qu'ils méritassent ses faveurs. En finissant ces mots, il expira. Ses sujets pleurèrent sa mort comme s'ils avoient vu la fin de leur bonheur; ils célébrèrent ses funéraille pendant trois mois, et prirent un soin particulie d'embaumer son corps avec des préparations aromatiques, afin de ne pas perdre un objet qui leur étoit si cher et si précieux.

Manco-Capac paroît avoir été un prince d'un rare génie; on ne doit donc pas s'étonner que les Indiens aient cru qu'il tiroit son origine de la divinité, et qu'ils aient marqué une vénération, superstitieuse pour la mémoire et pour la postérité d'un prince qui, après les avoir fait sortir de la barbarie, leur avoit procuré l'avantage d'un gouvernement fixe et réglé.

Sinchi-Roca, *second Inca.*

Sinchi-Roca hérita de toute la puissance et de toute l'autorité de Manco-Capac, dont il étoit le fils aîné. Le peuple approuva son élection, qui étoit conforme aux lois établies par le législateur lui-même sur la succession au trône. A l'imitation de son père, Sinchi-Roca épousa sa sœur, la princesse *Mama-Oello*, afin que ses enfans eussent droit à la succession du côté paternel et maternel. Une pareille alliance étoit défendue à tous les sujets de quelque état ou condition qu'ils fussent; mais le prince avoit à cet égard un privilége exclusif qu'il tenoit, disoit-on, de son grand-père le soleil.

La société étoit déjà bien affermie, et il n'étoit pas difficile de perfectionner les réglemens que Manco-Capac avoit établis pour un peuple ignorant et barbare. Sous ce règne l'empire du Pérou fut divisé en quatre parties nommées *Tavantin-fuya*, représentant les quatre points cardinaux : l'est, l'ouest, le nord et le sud, dont la ville de Cusco faisoit le centre. On subdivisa les grandes parties en moindres districts; on enregistra les habitans et on les classa en décuries, sur chacune desquelles veilloit un décurion. Ainsi dix familles faisoient la moindre partie du peuple; cinquante de ces familles formoient une classe sur laquelle veilloit un magistrat, et deux de ces classes formoient un troisième ordre nommé *centaine*. De cette manière les classes alloient en croissant jusqu'à mille familles, et c'étoit le nombre le plus considérable.

Il y avoit aussi un censeur général pour veiller sur la conduite de tous les officiers de l'état; il faisoit son rapport à l'Inca même, et condamnoit à la mort quiconque s'étoit rendu coupable d'oppression ou de rapine.

D'après l'ordre établi dans les différentes classes, elles se correspondoient de manière que les décurions et les officiers publics rendoient compte facilement à leur supérieur des changemens qui arrivoient dans leurs districts, du nombre des morts, des naissances, des mariages ainsi que des changemens de domicile ; de sorte que les Incas étoient toujours parfaitement instruits de l'état de leurs provinces, du nombre de leurs sujets, et de la quantité des troupes et des revenus que l'on pouvoit en tirer. On les instruisoit aussi de tous les malheurs que ces provinces essuyoient par les inondations, les incendies et les maladies épidémiques : le gouvernement leur fournissoit aussitôt des secours proportionnés à leurs pertes.

Les historiens espagnols avouent eux-mêmes que l'on pourroit nommer les Incas, à juste titre, « les pères, les protecteurs de leurs sujets et les » amis des pauvres ». Les Péruviens étoient si reconnoissans des bienfaits de leurs souverains et obéissoient à leurs Incas avec un respect si marqué, que pendant une année entière il ne se faisoit souvent qu'une seule exécution dans ce vaste empire, qui avoit près de mille lieues d'étendue.

En temps de guerre, les généraux et les capitaines avoient sur les soldats la même autorité que les décurions sur le peuple pendant la paix. On avoit un soin particulier d'empêcher les soldats péruviens de piller les provinces dont ils s'étoient rendus maîtres. Les officiers inférieurs rendoient compte de leurs opérations aux officiers supérieurs, et ceux-ci faisoient passer leurs rapports à la cour au moyen de certains nœuds de différentes couleurs; car ces nœuds nommés *quipos*, ou espèce d'arithmétique, étoient déjà en usage dès le règne de Sinchi-Roca.

Quand ce jeune prince se vit affermi sur le trône, il assembla les principaux officiers que son père avoit nommés, et leur déclara qu'il avoit l'intention d'étendre les limites de son empire, qu'il vouloit marcher en personne contre plusieurs nations vers le sud, pour les forcer à reconnoître sa souveraineté, à adorer le soleil et à se soumettre aux lois et aux réglemens de Manco-Capac. Il ne lui fut pas difficile d'obtenir l'assentiment de son conseil ; en conséquence il se mit en marche à la tête d'une nombreuse armée, et il ordonna à des hérauts de publier devant lui le dessein de cette expédition. Il trouva peu d'occasions de signaler son courage, les Indiens se soumettant plutôt par la persuasion que par la force. Sinchi-Roca rangea ainsi, sous sa domination, plusieurs nations au-delà de la Chanara; il retourna ensuite à Cusco pour y passer le reste de ses jours dans la paix et la tranquillité. Il ajoutoit chaque année de nouvelles provinces à ses états sans répandre de sang.

Ce prince, après un long règne, pendant lequel il ne fit rien de mémorable, excepté les lois qu'il publia et les provinces qu'il réduisit à sa puissance, déclara, à l'exemple de son père, son intention d'aller se reposer avec son grand-père le soleil; il mourut aussitôt après, et eut pour successeur Lloque-Yupanqui, son fils légitime, prince qui donnoit déjà de grandes espérances.

LLOQUE-YUPANQUI, *troisième Inca.*

Lloque-Yupanqui, ainsi nommé parce qu'il se servoit de la main gauche, fut moins pacifique que son prédécesseur. Dès qu'il eut été proclamé Inca, il résolut d'étendre les frontières de l'empire. Au lieu d'avoir recours aux harangues et à la persuasion, moyens qui avoient si bien réussi à son père, il préféra la voie des armes, et commença les hostilités contre toutes les nations qui balançoient à le reconnoître. Il soumit d'abord le pays de *Cana*, et s'avança ensuite pour faire la conquête d'une autre province dont les habitans étoient opiniâtres et belliqueux. Ils persistèrent dans la résolution de conserver leur liberté au péril de leur vie. La première bataille, quoique sanglante, fut d'un succès douteux; mais les barbares, devenant plus hardis, attaquèrent le camp impérial, et furent repoussés avec peine. Lloque fit venir des renforts considérables, et remporta enfin une victoire complète. Les barbares n'osèrent depuis paroître en corps; mais, pour conserver leur indépendance, ils se retirèrent dans des forêts, dans des antres et sur les montagnes. L'Inca les serra plus étroitement avec son armée, et finit par les obliger de reconnoître sa puissance. Cette conquête fut suivie de la prise de Purara, où Lloque fit bâtir plusieurs forteresses. Il rentra ensuite triomphant à Cusco.

De retour dans sa capitale, l'Inca consacra son temps à faire fleurir les beaux-arts, et à veiller au gouvernement de son empire; il composa des lois, fit de nouveaux réglemens relatifs aux circonstances, et introduisit le luxe dans la vie civile. Mais comme son génie le portoit vers la guerre, il ne put demeurer long-temps dans l'inaction, et bientôt il s'avança vers les frontières de ses conquêtes pour faire de nouveaux progrès. A l'approche de l'armée péruvienne, les habitans de Colla assemblèrent leurs chefs, et dans une réunion générale, ils résolurent de se déclarer sujets et vassaux de l'Inca, adorateurs du soleil. Après cette résolution, ils allèrent au-devant de l'Inca, et le reçurent en marchant au son de leurs instrumens de musique et au bruit de leurs acclamations; par ce moyen ils gagnèrent la faveur du prince, qui leur fit des présens considérables, et bâtit dans leur pays un grand nombre de temples.

Cette nation augmentoit considérablement la monarchie péruvienne. Les Colla étoient composés de différentes nations venues des bords du grand lac de Titicaca, qu'ils nommoient leur mère.

Après avoir pourvu à la religion et au gouvernement des vaincus, l'Inca revint à Cusco couvert de gloire; il y passa quelques années occupé du bonheur de son peuple, et donna ensuite un libre cours à son humeur guerrière : à cet effet il leva une armée de dix mille hommes, à la tête de laquelle il s'avança dans la province de Chuquitu. Il commença par envoyer des ambassadeurs pour sommer les peuples de se ranger sous sa domination. Il n'eut pas besoin d'employer la violence, ils se mirent tous sous la protection d'un monarque qui leur assuroit une sécurité parfaite. Le bruit de leur félicité engagea toutes les nations, jusqu'à l'embouchure du lac de Titicaca, à suivre leur exemple. Elles furent toutes reçues favorablement.

L'Inca apprit par expérience que la bienfaisance et la persuasion étoient plus propres à étendre son empire que la force des armes. On publioit ses rares qualités; il étoit regardé comme le père de ses sujets, et respecté comme le fils du soleil. Sa renommée s'étendit d'abord jusqu'aux Andes, et bientôt après toutes les nations dispersées dans ce vaste pays reconnurent son autorité sans résistance. Il employa trois ans à civiliser ces barbares.

Lloque s'occupa ensuite à visiter ses provinces, à encourager l'industrie et les arts; il perfectionna la culture des terres, éleva des édifices publics, fit des aqueducs, des grands chemins et des ponts pour faciliter les communications et le commerce. Il crut alors que ses états étoient assez vastes, car il vouloit les gouverner avec justice; et il retourna à Cusco pour y passer le reste de ses jours en paix. Il envoya Mayta-Capac, son fils aîné et son héritier, avec ordre de parcourir tous ses états, d'examiner si la justice étoit bien administrée, de gagner l'affection du peuple sur lequel il devoit régner, d'acquérir de l'expérience dans les affaires publiques, et de se rendre capable de gouverner.

Peu de temps après Lloque, affoibli par l'âge et les infirmités, mourut avec la réputation du plus grand capitaine et du plus grand homme d'état qui fût monté sur le trône du Pérou ; il étoit également admiré pour les qualités de l'esprit et du cœur.

Mayta-Capac, *quatrième Inca.*

Quand ce jeune prince se vit revêtu de la souveraine autorité, il résolut d'adopter toutes les maximes de son père ; il fit d'abord un voyage dans ses différentes provinces pour examiner la conduite de ses ministres et de ses magistrats, et par-tout il donna tant de marques de libéralité, de courage et de générosité à ses officiers et à ses sujets d'un rang inférieur, que tous les habitans le chérirent, en admirant son habileté et sa prudence.

Après avoir fait tous les réglemens qu'il s'étoit proposés dans son voyage, il forma le dessein d'étendre ses états, déguisant son ambition sous le spécieux prétexte de réformer et de civiliser des nations barbares. Il soumit d'abord, et encore plus par la persuasion que par la force, toute la province de Callao, où est l'embouchure du fameux lac de Titicaca. Il dirigea ensuite sa marche vers la province d'Hatumpacassa, située de l'autre côté de la rivière; et pour soumettre les habitans, il n'eut recours encore qu'à la persuasion. Mais les peuplades du pays nommé *Cacyaviri* lui résistèrent, et se défendirent même avec vigueur. Mayta-Capac divisa son armée en quatre corps, et assiégea les ennemis pour les réduire par famine; alors ils se précipitèrent sur lui sans ordre ni mesure, et l'Inca dut à leur témérité une victoire qu'il n'auroit pu obtenir par sa valeur. Les vaincus obtinrent leur pardon de la clémence de Mayta-Capac, qui conclut une espèce de traité avec les chefs, et fit ensuite son entrée triomphante à Cusco.

Après quelque temps de tranquillité, l'Inca poursuivit ses projets belliqueux. Il fit avancer son armée le long de la côte de la mer de Zur; elle fit trente lieues dans un pays désert, et arriva enfin sur les frontières de la province de Cluscuna. Les naturels du pays bâtirent un fort et s'y retirèrent avec leurs femmes et leurs enfans. Les généraux de l'Inca les bloquèrent; la faim les obligea de se soumettre, et ils reçurent la religion et les lois des Péruviens. L'Inca, pour s'assurer de leur fidélité, envoya deux colonies, bâtit une forteresse, et affermit ainsi sa conquête. Il abolit l'horrible usage d'empoisonner, qui étoit familier aux naturels du pays.

Cette expédition fut suivie d'une paix de plusieurs années, pendant laquelle l'Inca se livra tout entier à la politique civile. Néanmoins son ambition, qui n'étoit modérée que par la prudence, se réveilla dans la vue d'étendre encore les bornes de l'empire. Il se mit à la tête d'une armée, entra dans le pays de Llaracassa, dont les habitans le reconnurent pour leur souverain. La réputation de ses armes lui soumit également les Sancovanes; mais les affaires changèrent bientôt de face; comme il alloit à Huychu, quatorze mille barbares, réunis pour défendre leur liberté, lui disputèrent le passage avec opiniâtreté. L'impétuosité de leur courage causa leur défaite; six mille furent tués dans une grande bataille. Le généreux Inca, qui n'avoit versé le sang qu'à regret, donna la liberté aux prisonniers, et leur déclara qu'il n'étoit venu que pour donner un gouvernement à des nations qui ne différoient des brutes que par la forme. Il les renvoya plein d'admiration pour sa générosité, sa justice, sa clémence, et entièrement résolus de lui être soumis et fidèles. La défaite sanglante des barbares et la modération de l'Inca après la victoire, lui soumirent tous les Indiens, depuis Huachue jusqu'à Collanca, dans l'espace de trente lieues; et ensuite ceux de la partie orientale jusqu'aux Andes.

L'Inca, après avoir employé trois années à faire ces expéditions, retourna triomphant à Cusco. Un an s'étoit à peine écoulé depuis son retour, qu'il conçut le dessein de réduire cette vaste étendue de pays située à l'ouest de la capitale, et habitée par des nations sauvages et belliqueuses. Il leva une armée, à la tête de laquelle il résolut de passer la rivière d'Apurimac : c'étoit l'entreprise la plus hardie qu'on eût encore tentée. L'Inca réussit à faire jeter un pont solide sur cette rivière large et rapide. L'ennemi, étonné de cet édifice admirable, l'attribua à quelque puissante divinité; il n'en fallut pas davantage pour le déterminer à se soumettre. L'Inca poursuivit sa marche à la tête de ses troupes, après avoir fait une chaussée dans des terres marécageuses, et passa sur une digue pour entrer dans la contrée d'Allea; il trouva peu d'obstacles à ses conquêtes, et la plupart des nations barbares vinrent se ranger sous ses drapeaux. Il envoya plusieurs colonies dans la fertile vallée d'Arequeba, et il établit une forme de gouvernement dans les provinces conquises. Il retourna ensuite à Cusco, et fut reçu avec les acclamations qu'il pouvoit attendre d'un peuple dont il étoit adoré. Il récompensa tous ceux qui s'étoient distingués, congédia son armée, et renonça à toute expédition militaire pour se livrer entièrement au repos. Il fit, dans cet intervalle, d'excellentes institutions civiles, fonda entr'autres des hôpitaux en faveur des vieillards et des infirmes. Ce fut la dernière action mémorable de l'Inca Mayta-Capac, qui mourut dans la trentième année de son règne; couvert d'honneur et de gloire.

CAPAC-YUPANQUI, *cinquième Inca.*

Ce prince commença son règne comme ses prédécesseurs, par visiter ses états; il employa deux ans dans ce voyage. Lorsqu'il fut de retour à Cusco, il leva des troupes, voulant aussi, à l'exemple de ses ancêtres, donner des marques de sa valeur au commencement de son règne et augmenter ses états, en y ajoutant les pays de Centifuya situés à l'est de Cusco. Il se mit à la tête de vingt mille hommes, passa d'abord la rivière d'Apurimac, où il fit jeter un pont sur le modèle de celui de son père, et dirigea ensuite sa marche à travers les belles campagnes d'Yanatucaca, qui étoient habitées par plus de trente nations différentes : toutes vinrent au-devant de l'Inca et se soumirent. Mais les barbares de l'Uncafuyu résistèrent et firent une réponse fière et hautaine aux ambassadeurs de l'Inca. Ce prince, par une marche rapide, pénétra aussitôt dans leur pays, espérant les épouvanter sans être obligé de verser le sang. Tout réussit comme on l'avoit espéré. Les barbares surpris n'osèrent combattre, et se prosternèrent devant l'Inca. Il les reçut si favorablement, qu'ils le regardèrent depuis comme leur ange tutélaire.

C'étoit une des conquêtes les plus avantageuses que les Incas eussent faites jusqu'alors, ce pays étant riche en paturages, en troupeaux et en mines précieuses; cependant, au lieu de satisfaire l'ambition de l'Inca, ce succès ne fit que l'exciter à de nouvelles entreprises, et au commencement de l'année suivante, il fit faire les préparatifs d'une expédition contre les Quechoas; mais il ne la conduisit pas en personne, et nomma son frère capitaine général. Ce prince entra aussitôt en campagne à la tête d'une armée de vingt-cinq mille hommes, s'avança dans la province de Catapompa, où il épouvanta tellement les habitans qu'ils reconnurent, d'un consentement unanime, l'Inca pour leur souverain. Le capitaine général, après s'être ainsi acquitté de sa commission, retourna triomphant à Cusco, où il fut reçu par l'Inca avec toutes les marques de faveur dont il s'étoit rendu digne par de si grands services. Il fut nommé régent de l'empire, l'Inca ayant résolu de faire une autre expédition en personne; il s'avança en effet jusqu'au lac de Puria, qui servoit de limite aux conquêtes de son père. Son armée étoit de vingt mille hommes d'élite. Toutes les nations des environs s'empressèrent d'envoyer leurs députés, pour rendre hommage à l'Inca et reconnoître sa souveraineté. Ce prince donna ordre à deux de ses principaux officiers de visiter le pays, et de nommer pour magistrats ceux qu'ils croiroient les plus capables de gouverner ses nouveaux sujets avec justice et modération, de leur enseigner les lois, la religion et les arts du Pérou. Il retourna ensuite à Cusco, où il fit son entrée triomphante avec une splendeur et une magnificence extraordinaires.

L'Inca forma bientôt de nouveaux projets de conquêtes, croyant qu'il manquoit encore quelque chose à sa gloire et à la sûreté de son empire. Il entra avec une armée dans la province de Chaycuta, et envoya le prince son fils avec un détachement pour sommer les habitans de se soumettre ; ils hésitèrent d'abord et cédèrent ensuite, moyennant la promesse de conserver leur liberté. L'Inca leur donna des preuves si convaincantes des avantages de ses institutions, qu'ils ne balancèrent plus à lui prêter serment de fidélité et à se mettre sous sa protection spéciale.

Après avoir pourvu au gouvernement du pays et avoir enseigné aux barbares les arts qui font le bonheur de la vie civile, l'Inca alla dans les provinces de Charcas où sa renommée l'avoit devancé. Les différentes nations qui habitoient ces contrées lui envoyèrent leurs ambassadeurs pour l'engager à leur accorder les priviléges des sujets de son empire.

L'Inca consentit à toutes leurs demandes, employa deux années à établir l'ordre dans ce pays, retourna dans la ville impériale de Cusco, et amena avec lui quelques-uns des principaux habitans des Charcas, qui désiroient voir sa capitale. Il congédia ensuite son armée, et permit aux soldats de retourner dans leurs provinces pour y jouir en paix du fruit de leurs travaux.

Ce vénérable monarque mourut de vieillesse, et céda à son fils, Inca-Roca, le trône impérial qu'il avoit occupé pendant un grand nombre d'années, avec la réputation d'un monarque prudent, politique et brave.

Inca-Roca, *sixième Monarque.*

Le jeune prince Roca étant monté sur le trône, résolut d'abord de parcourir son empire. Il employa trois ans dans ce voyage, et fit par-tout où il passa des réglemens et des lois salutaires. Il s'avança jusqu'au-delà des Andes, et dans une expédition qu'il fit à la tête d'une grande armée, la troisième année de son règne, il réduisit plusieurs nations puissantes, et entre autres celle des Chomcas qui avoit fait quelque résistance. Ces conquêtes furent suivies de la réduction des provinces d'Uramarca, de Sulla, d'Utumsulla et de plusieurs autres qui renfermoient environ quatre cent mille familles.

De retour à Cusco, l'Inca passa plusieurs années à gouverner paisiblement son empire; il employoit son fils dans toutes les affaires importantes, et le chargea particulièrement de la conquête d'Antisuya, province située à l'est de Cusco, au-delà de laquelle aucun Inca n'avoit tenté de pénétrer. Ce jeune prince, qui se nommoit Yahuarhuacac, tiroit son nom d'une prophétie superstitieuse annoncée à sa naissance, et d'après laquelle sa vie devoit être funeste à l'empire. Pour prévenir les effets de cet oracle, son père prenoit le plus grand soin de son éducation, et même il l'envoya de bonne heure en campagne pour y apprendre l'art de la guerre. Dans sa première expédition, le jeune prince ne laissa aucun doute sur son intelligence et son courage; il fut cependant accusé dans la suite de pusillanimité. Par la conquête récente de Cantisuya et de Canactucaya, l'empire fut étendu du nord au sud de plus de deux cents lieues, et de plus de cent de l'est à l'ouest. Le prudent Inca s'appliqua à civiliser cette vaste étendue de pays. Il songea ensuite à augmenter encore ses états. On avoit commencé, sous le règne précédent, la conquête des provinces nommées *Charcas;* mais on ne l'avoit point achevée; cette gloire étoit réservée au fameux Roca, qui devoit rendre par là son nom immortel.

L'Inca se mit à la tête d'une armée de trente mille hommes d'élite, et après une marche longue et pénible, il parvint enfin sur les frontières de la province de Chumcari. De là il envoya des députés aux différens habitans pour les engager à se soumettre aux lois qu'il leur présentoit de la part de son père le soleil, et à honorer cet astre comme le seul et vrai Dieu. Cette conquête, qui ajoutoit à l'empire un espace de cent lieues, fut due encore à la persuasion et aux bienfaits plutôt qu'à la force des armes. L'Inca retourna à Cusco où il passa en paix le reste de ses jours. Il mourut dans un âge fort avancé, après avoir régné près de cinquante ans, et avoir acquis la réputation du plus prudent, du meilleur et du plus vertueux monarque qui eût été honoré du bandeau impérial. Il fut le premier fondateur des écoles de Cusco : les Amautas y furent établis pour instruire les princes du sang et la jeune noblesse; ils leur enseignoient la religion, les lois, l'histoire, la poésie, la philosophie, l'astrologie, et la musique. Ils prétendoient avoir quelque connoissance de tous les arts, mais elle étoit très-bornée quand les Espagnols entrèrent dans le pays; ils enseignoient verbalement l'art militaire et les sciences, et ils lisoient l'histoire et les événemens des siècles passés, par le moyen de leurs *quipos* ou nœuds combinés.

Ce système d'éducation étoit autorisé par une loi qui fut publiée sous le règne de l'illustre Roca, et pour encourager les professeurs, on leur accordoit des honoraires considérables.

Yahuarhuacac, *septième Inca.*

Ce prince, fils aîné de l'Inca Roca, étoit doux et modéré; il ne chercha point à augmenter son empire. Satisfait de ses domaines héréditaires, il ne s'appliqua qu'à gouverner avec équité, sans usurper les droits de ses voisins, sous prétexte de les faire sortir de la barbarie. On assure que certaines prédictions publiées à sa naissance le déterminèrent à cette conduite pacifique, qu'il regardoit comme le plus sûr moyen d'éviter le danger dont il étoit menacé. Mais comme il négligeoit cette maxime d'état, par laquelle les souverains étoient tenus de donner quelques preuves de leurs qualités militaires, son grand amour pour la paix passa pour de la lâcheté. En vain s'occupa-t-il du bonheur de son peuple, fit-il plusieurs tournées dans l'empire qu'il orna de beaux édifices, on parloit si librement de ce qu'on appeloit sa pusillanimité, qu'il fut contraint de songer à la guerre. Il fit des conquêtes sur les frontières d'Arequeba, et forma même le dessein de réduire quelques nations sauvages; mais il ne commanda pas en personne, et perdoit ainsi chaque jour l'estime de ses sujets, qui regardoient la valeur comme la première et la plus essentielle des qualités d'un monarque. Tandis qu'il étoit ainsi en butte à la malignité, le méchant caractère de son fils aîné, héritier de ses états, lui offroit un nouveau sujet d'affliction. Ce prince s'étoit abandonné à toute sorte de débauches; il n'écoutoit aucun des avertissemens de son père, et le traitoit même avec mépris. L'Inca, outré de sa conduite, le bannit de sa cour à l'âge de dix-neuf ans, et le réduisit au triste emploi de garder les troupeaux du soleil dans les pâturages situés à une lieue de Cusco. Ne pouvant se soustraire aux ordres de l'Empereur, l'héritier présomptif s'y soumit avec une complaisance affectée, et s'acquitta avec soin pendant trois ans de l'occupation humiliante à laquelle on l'avoit condamné.

Ces troubles domestiques fournirent à l'Inca une occasion favorable de faire cesser tous les préparatifs de guerre; il ne s'occupa pendant trois ans qu'à bien gouverner son peuple, et pensoit même aux moyens de rappeler son fils, pour lequel il avoit encore de l'affection, malgré tous ses vices. Un jour, vers le midi, le prince disgracié entra seul dans le palais impérial, donnant des marques d'une profonde douleur et d'un repentir sincère; il demande à entretenir son père sur une matière de la dernière importance. L'Inca refuse d'abord, croyant que c'étoit un stratagême pour le tromper : le jeune prince insiste et dit : « Qu'étant assis
» sous un de ces grands rochers qui se trouvent
» dans les campagnes de Chita, où, pour obéir aux
» ordres de l'Empereur, il faisoit paître les troupeaux
» du soleil, il lui étoit apparu un fantôme vêtu d'une
» manière extraordinaire, et qui lui avoit parlé
» ainsi : Approche-toi, je suis l'enfant du soleil et
» le frère de l'Inca Manco-Capac, le premier de ta

» race ; or je suis ton parent et celui de ton père ;
» je m'appelle *Inca Viracocha ;* je suis envoyé par
» ton père le soleil pour t'ordonner d'instruire
» promptement mon frère l'Inca que la plupart
» des Indiens de Chincafuya sont révoltés et réu-
» nis pour se rendre maître de l'empire, avec inten-
» tion de l'anéantir et d'introduire l'ancienne bar-
» barie : quant à toi, je t'exhorte à ne point perdre
» courage, car je serai toujours prêt à te secourir».

L'Inca put à peine contenir son indignation, ne doutant point que son méchant fils n'eût inventé cette fable pour parvenir à ses desseins ; et n'ajoutant aucune foi à ses paroles, il lui ordonna de retourner aussitôt au lieu de son exil.

Trois mois après cette vision de *Viracocha* (car le jeune prince fut ainsi nommé depuis), le bruit courut que les habitans des provinces de Chincafuya et de Charcas s'étoient en effet révoltés. L'Inca s'imagina que c'étoit une suite de la vision de son fils ; mais on apprit bientôt par un récit fidèle que les rebelles, enhardis par la foiblesse de l'Inca régnant, après avoir mis ses gouverneurs à mort, s'avançoient avec une armée de quarante mille hommes pour piller, brûler et détruire Cusco. L'Inca fut épouvanté et intimidé de ces nouvelles, et dans son trouble il se retira à Collafuya, où il se flattoit d'être en sûreté, laissant Cusco dans une confusion extrême, exposée à la violence des rebelles et en proie aux discordes intestines.

Dans cette extrémité, on eut recours au prince Viracocha, qui montroit dans cette crise autant de fermeté que de courage; il fut joint par un grand nombre de soldats indignés de la timidité de l'Inca son père, et bientôt la renommée annonça de toutes parts que le jeune prince marchoit au secours de la capitale, avec intention de périr en la défendant. La vision qu'il avoit rapportée fut alors regardée comme véritable, et elle inspira au peuple beaucoup de respect et de vénération pour sa personne. Tous ceux qui étoient en état de porter les armes vinrent se ranger sous ses étendards : en peu de jours il se trouva en état de chercher l'ennemi, au lieu de se laisser assiéger dans une ville que l'on pouvoit à peine défendre à cause de son étendue.

Après avoir pris une position avantageuse, le jeune prince, dont l'armée venoit d'être renforcée par les Quechoas, ennemis implacables des Charcas, envoya à ces derniers des propositions de pardon, de paix et d'alliance; mais les Charcas rejetèrent ces propositions avec mépris, et s'avancèrent à une demi-lieue du camp *impérial*. Le lendemain on donna le signal au point du jour, et le combat commença avec une furie étonnante. Viracocha lança le premier trait à l'ennemi et anima les Péruviens par des prodiges de valeur. Les rebelles furent vaincus, et les Péruviens en firent un grand massacre. Les principaux chefs étoient tombés au pouvoir des vainqueurs ; mais la modération de Viracocha, après la bataille, lui fut encore plus glorieuse que la valeur qu'il avoit montrée dans l'action. Toutes les provinces des Charcas par où il passa se soumirent.

La nature avoir doué ce prince de rares qualités, quoiqu'elles eussent été obscurcies par la dissipation et la débauche. La disgrace de son exil, le danger de son pays, la fuite honteuse de son père, et les dernières et glorieuses circonstances où il venoit de se trouver avoient développé en lui tous les talens qui étoient naturels à sa famille.

Après avoir rétabli l'ancien gouvernement dans les provinces, il fit à pied son entrée publique dans Cusco, où il fut reçu comme un dieu libérateur. L'Inca Yahuarhuacac s'étoit caché dans les défilés de Mayra, et Viracocha voyant combien il étoit personnellement chéri du peuple, voulut satisfaire son ambition aux dépens du respect qu'il devoit à son père; ce procédé a pour toujours terni l'éclat de sa gloire.

A quelque cause que l'on attribue cette révolution, soit à une résignation volontaire de l'ancien Inca, soit à l'ambition du prince son fils ou à la volonté de la nation, il est certain que Viracocha monta sur le trône de son père, qui passa le reste de ses jours dans une espèce d'exil, conservant néanmoins les marques de la royauté, mais dépouillé de l'exercice de la souveraine puissance, qui fut entièrement dévolu au prince son héritier. Le vieil Inca vécut tranquille, il est vrai, et mourut dans un âge avancé, lorsque ses sujets ne songeoient plus à lui.

Viracocha, *huitième Inca.*

Ce prince étoit à peine monté sur le trône, que sa nouvelle dignité donna un nouvel éclat aux vertus héroïques qu'il avoit déjà fait briller aux yeux de ses sujets étonnés. On doutoit s'il étoit plus respecté à cause de la vision qu'il avoit eue, qu'admiré par la valeur et l'activité qu'il avoit montrées en combattant contre les ennemis de son pays. Personne ne doutoit qu'il ne fût sous la protection immédiate du ciel et le favori particulier de son père le soleil, dont il avoit déjà reçu le nom de *Viracocha.* Pour éterniser la mémoire de sa vision et se conserver l'estime d'un peuple superstitieux, l'Inca fit jeter les fondemens d'un temple dans le lieu même où son oncle lui avoit apparu; il augmenta ainsi la vénération que les Indiens avoient pour sa personne; mais la prospérité fit sur son esprit son effet ordinaire; elle l'enorgueillit au point qu'il fit faire un tableau qui annonçoit le caractère de son père et qui par tous les arts de la flatterie célébroit sa supériorité. Ce tableau représentoit la fuite honteuse de l'ancien Inca, la situation déplorable de Cusco, et sa victoire sur les rebelles.

Cependant Viracocha, malgré les défauts de son caractère, gouvernoit son empire avec un applaudissement universel; il y établit la paix, la tranquillité, l'industrie, les arts, et généralement tout ce qui tendoit au bien de ses sujets. Il commença son règne par récompenser tous les soldats qui avoient pris les armes contre les rebelles. Il visita ensuite les provinces et y fit des réglemens couformes au génie des différentes nations, et avec tant de discernement, que sa réputation en acquit un nouveau lustre. Il leva ensuite une armée de trente mille hommes, dont il donna le commandement à son frère Pahuac-Mayta, qui, dans l'espace de trois ans, soumit en son nom les vastes provinces de Corauca, d'Ullara, de Llipi et de Chica. Il sembloit qu'il avoit étendu, à l'est, ses frontières aussi loin que la nature pouvoit le permettre; au sud ses domaines s'étendoient jusqu'à l'extrémité du pays des Charcas et jusqu'aux vastes déserts qui séparent le Pérou du Chili, que l'on croyoit alors impraticables. Cependant l'ambition trouva encore un débouché vers le nord, et l'Inca voulut tenter en personne de nouvelles conquêtes de ce côté. A son approche les habitans de Huyatora, de Pocra et de plusieurs autres provinces, se soumirent sans résistance; alors l'Inca congédia le gros de son armée de peur d'opprimer ses nouveaux sujets, et il s'appliqua soigneusement à donner des lois aux provinces qu'il venoit de conquérir. C'est dans ce pays qu'il fit creuser un canal de cent vingt lieues et de douze pieds de profondeur, pour la commodité du commerce et de la navigation. Il a son cours à travers tout le pays des Rucanas. Cet ouvrage existe encore aujourd'hui comme un monument de la magnificence des Incas, et du soin qu'ils prenoient de l'intérêt de leurs peuples.

Viracocha fit un autre canal de la même nature et encore plus magnifique, dans les provinces de Contifuya ; mais les Espagnols l'ont laissé tomber en ruine. Ces ouvrages merveilleux et ces conquêtes avantageuses étant achevés, l'Inca fit un autre voyage dans les provinces de son empire, pour voir comment les ordonnances relatives à la police étoient exécutées; il punissoit tous les actes d'oppression et d'injustice avec la plus grande rigueur. Il alloit d'une province à l'autre, et récompensoit par-tout le mérite par des faveurs particulières. Il arriva enfin à Toracopa, sur les bords de la mer, où il reçut des ambassadeurs et des présens de la part du roi du Tucuman, situé à environ deux cents lieues au sud ouest des Charcas. L'Inca les reçut très-favorablement, les traita avec splendeur, les renvoya ensuite avec des présens magnifiques, et pénétrés de la plus haute estime pour la bonté et les vertus de Viracocha. Ils avouèrent que les lois et les institutions du Pérou étoient dignes de leur divine origine, et ils donnèrent à l'Inca la première idée du Chili.

Enfin ce prince, après avoir gouverné long-temps,

avec la plus grande réputation, subit la destinée commune à tous les hommes. Il mourut au moment où il étoit parvenu au faîte de la prospérité et de la gloire, et tandis qu'il étoit adoré comme une divinité. Viracocha passe pour l'auteur d'une prophétie que les Péruviens croyoient alors, et qui étoit conservée dans les archives de la cour ; elle annonçoit qu'après un certain nombre d'années et la succession d'un certain nombre d'Incas, il viendroit un peuple des pays éloignés, inconnu jusqu'alors dans le Pérou, qui aboliroit la religion, fouleroit aux pieds les lois des Incas et renverseroit leur empire.

On dit aussi que le vulgaire regardoit Viracocha comme un oracle depuis sa vision. Garcilasso croit qu'il est probable que ce prince régna cinquante ans ; il a vu son corps embaumé, qui étoit encore entier de son temps : ses cheveux étoient aussi blancs que la neige.

PACHACUTEC, *neuvième Inca.*

Après la mort de Viracocha, le trône fut aussitôt occupé par le prince Pachacutec, son fils aîné : ce nom signifie *celui qui renverse l'univers*. Il parcourut d'abord ses états, voulant commencer son règne, comme ses prédécesseurs; il eut lieu d'être satisfait des magistrats que son père avoit choisis. Jamais peuple en effet ne fut gouverné par la simple lumière de la raison avec plus de modération et d'équité. Pachacutéc employa trois années à visiter ses domaines; il retourna ensuite à Cusco, et prépara une expédition pour se faire également la réputation d'un homme de guerre et d'un homme d'état. Il leva une armée de trente mille hommes, s'avança vers la province de Saura, nommée mal-à-propos Xauxa par les Espagnols, et pénétra dans le pays de Huancas, nation barbare, fière et belliqueuse: l'Inca l'ayant soumise par la modération et la douceur, il commença leur civilisation. Le gros de son armée entra ensuite dans le pays de Chicarpac, qui étoit habité par une nation guerrière et barbare; elle rejeta toutes les propositions de l'Inca, qui, voyant que sa modération étoit inutile, marcha contre les Chicarpaques, les défit et en tua quarante mille. Le reste se soumit sans faire aucun autre effort pour défendre sa liberté.

Après leur avoir donné des gouverneurs, et avoir laissé des garnisons dans le pays, le prince tourna ses pas vers une province grande et bien peuplée, nommée Ancara ; elle reconnut l'Inca pour son souverain, fut aussitôt imitée par une autre province voisine et considérable à laquelle les historiens espagnols donnent le nom d'*Huyallas*. Il y abolit l'abominable crime de sodomie, si fréquent dans cette province, que le nom d'*Huyallas* étoit infâmant pour tous les Indiens des pays voisins. Pachacutec fit ensuite une seconde tournée dans ses états. Pendant ce voyage, il fit élever plusieurs temples et plusieurs beaux édifices publics pour l'ornement de ses provinces. Il bâtit aussi des magasins, des greniers et des grandes routes, pour fournir aux besoins du peuple dans les années de disette. A son retour dans la capitale, trois ans après son départ, il résolut de completter ses conquêtes du côté de Chincafuya ; il y envoya une puissante armée dont il confia le commandement au prince Yupanqui, son frère. Le fils aîné de l'Inca, alors âgé de seize ans, fut de cette expédition pour s'instruire dans l'art de la guerre. La province de Pinan se soumit ; mais les habitans des provinces d'Huaras, de Canchuca et de Miscossampu prirent les armes pour défendre leur liberté : les suites en furent funestes ; des milliers d'Indiens périrent sous les coups des impériaux ; affoiblis, touchés d'ailleurs de la générosité de l'Inca après la victoire, ces peuplades se soumirent enfin. Yupanqui, pour continuer ses conquêtes, entra dans la province de Caxamarca, habitée par une nation aussi hardie que guerrière. Ce peuple résista d'abord, et accepta ensuite le joug de l'Inca aux mêmes conditions que les autres nations conquises. Comme cette contrée étoit fertile et sa situation agréable, le prince y bâtit un temple et une ville, à laquelle il donna le nom de la province. Il fit ensuite son entrée triomphante à Cusco, avec son neveu, le fils de l'Inca : ils furent reçus avec de grands honneurs.

Pendant l'espace de trois ans, Pachacutec assisté de son fils et de son frère, qu'il regardoit comme ses collègues, donna tout son temps à l'administration de la justice, à la réforme des abus et à l'ornement de son empire. Il fit construire un grand nombre de superbes édifices, d'aqueducs, de canaux et de ponts en différentes provinces ; mais croyant qu'il manquoit encore quelque chose à la grandeur et à la sûreté de son empire, il leva une armée de trente mille hommes pour faire de nouvelles conquêtes du côté d'Hunasca. Le prince

Yupanqui eut encore la conduite de cette guerre; il combattit d'abord les Chinchèses, qui attaquèrent l'armée impériale avec valeur. Il se livra plusieurs combats sanglans, dont aucun ne fut décisif; mais le prince bloqua l'armée des Chinchèses, et leur ayant coupé l'eau et les vivres, ils perdirent courage et se soumirent d'eux-mêmes par capitulation. Après avoir été honoré par des marques d'approbation de la part de l'Inca, le capitaine général entra dans le pays d'Huarca, et commença une guerre sanglante contre Chuquimanqua, seigneur de quatre vallées, qui avoit refusé de se soumettre. Cette guerre fut opiniâtre et dura huit mois, pendant lesquels l'armée impériale fut renouvelée trois fois. On n'employa pas moins de quatre ans à faire la conquête de cette province. Chuquimanqua fut contraint de céder, et le prince lui pardonna son opiniâtreté.

Après avoir réglé le gouvernement de ce pays, le général péruvien, sans perdre de temps, entreprit la conquête des vallées de Pachacamac, Rimac, Chancoy et d'Huamac, qui étoient possédées par un prince puissant nommé *Cusmancu* qui prenoit le titre de roi: il s'étoit disposé à la défense; mais on convint d'une conférence qui, par la modération et l'affabilité du prince Yupanqui, produisit l'effet désiré. Le chef des vallées fut traité moins en vassal qu'en allié. L'Inca le fit mettre au rang des princes du sang. Cusmancu publia que Pachacutec étoit le descendant légitime du soleil, et une véritable divinité à laquelle on devoit obéir et rendre hommage.

L'Inca, après avoir ainsi étendu les bornes de son empire, résolut de cesser ses exploits militaires, pour s'appliquer à l'établissement du gouvernement civil de ses nouvelles acquisitions. Il employa six années à donner de nouvelles lois, à bâtir des édifices publics et à augmenter la félicité du peuple. Ensuite il forma la résolution d'étendre encore ses domaines du côté de Caxamarca, en réduisant le fameux royaume de Chima. Il confia cette expédition au jeune prince son fils, qui, depuis plusieurs années, avoit été instruit dans l'art de la guerre par son oncle Yupanqui, le plus grand général de l'empire, lequel demanda alors à passer le reste de ses jours dans la tranquillité. Le jeune prince, plein de feu, voyant que l'ennemi se disposoit à la résistance, l'attaqua avec la plus vive impétuosité : l'ennemi résista ; mais le prince ayant reçu des renforts, se trouva en état de faire une seconde attaque. Il y eut tant de combats douteux, que l'on ne savoit pas si le jeune prince pourroit venir à bout de réduire ce pays par la force des armes; il offrit au roi de Chima le pardon et son amitié, à condition qu'il seroit son vassal. Ce dernier céda enfin, se rendit au camp impérial, se prosterna devant l'Inca, et consentit à la promulgation de la religion et des lois péruviennes.

L'Inca Pachacutec, après avoir étendu considérablement les limites de son empire, résolut de passer le reste de ses jours dans le repos et la tranquillité; il honora la conduite glorieuse de son fils, bâtit des temples, fit construire des greniers et des magasins, établit une espèce de milice dans chaque province pour la sûreté de ses états, fonda plusieurs colonies, orna considérablement la ville de Cusco, augmenta le nombre de ses habitans, et bâtit un palais pour la résidence des Incas. En un mot, après un heureux règne de soixante-dix ans, il mourut, et fut aussi regretté que le plus illustre de ses prédécesseurs. Les Péruviens le mirent au nombre des autres dieux.

INCA YUPANQUI, *dixième souverain.*

Jamais prince ne donna de plus grandes espérances en montant sur le trône ; il possédoit la confiance entière de son peuple, et pour s'en faire encore plus aimer, il commença son règne par faire une tournée dans tous ses états ; après y avoir employé trois ans, il résolut d'entreprendre une expédition dangereuse au-delà des Andes, vers le Paraguay. L'Inca commandoit en personne; il traversa des marais à la tête de son armée, franchit des montagnes escarpées, fut souvent attaqué par des troupes de sauvages, et surmontant tous les obstacles il soumit successivement toutes les nations appelées d'un nom général *Chonchu*, ainsi que les habitans de la province de Muza, à laquelle les Espagnols ont donné le nom de Moxos. Les barbares firent une alliance avec l'Inca, qui retourna à Cusco sans faire aucune nouvelle entreprise. Mais peu après ayant levé une armée encore plus nombreuse, il s'avança dans la grande province de Chirihuana située à l'est des Charcas. Les naturels étoient des barbares féroces; ils se réfugièrent dans des lieux entièrement inaccessibles. Le mauvais succès de cette expédition ne put déterminer l'Inca à renoncer au dessein de réduire le royaume du Chili. Il paroît que le principe fondamental du gouvernement péruvien consistoit à augmenter les états de l'Inca. L'expédition du Chili qui fut confiée à Sinchi-Roca, officier descendu du sang impérial, étoit la plus dangereuse que les monarques du Pérou eussent jamais faite. A aucune époque les Péruviens n'avoient rencontré tant de résistance. La première campagne fut sans succès. L'Inca assembla, l'année suivante, une armée encore plus nombreuse. Les troupes du Chili n'étoient que dix-huit ou vingt mille hommes; cependant on combattit une journée entière avec tant d'intrépidité, que la victoire demeura douteuse lorsque la nuit sépara les combattans. Le lendemain on renouvela la bataille, et elle dura jusqu'au soir avec la même fureur. Les combattans recommencèrent l'action le quatrième, cinquième et sixième jour, et ils abandonnèrent enfin le champ de bataille sans qu'aucun parti eût cédé un seul pouce de terrain à l'autre : cependant des deux côtés on prétendoit avoir remporté la victoire. On ignore quelle fut la fin de la guerre avec les habitans du Chili. On dit qu'Yupanqui persista dans son dessein, et qu'à sa mort son empire avoit mille lieues d'étendue du nord au sud: il soumit peut-être quelques provinces, mais il est fort douteux qu'il ait conquis tout le Chili.

Tandis que ses généraux portoient ses armes dans les pays les plus éloignés, il étoit occupé à orner son empire d'une infinité de beaux édifices, sur-tout d'hospices et de temples. L'Inca jouit pendant plusieurs années d'une grande tranquillité. Lorsqu'il vit la mort s'approcher, il appela ses fils; et leur recommanda d'observer scrupuleusement les lois et la religion de leur pays. Ainsi mourut Yupanqui dans un âge fort avancé et couvert de gloire; il augmenta beaucoup plus ses états qu'aucun de ses prédécesseurs, et passa pour un monarque juste, sage et magnanime. La forteresse de Cusco fut pendant plusieurs siècles un monument de son pouvoir et de sa magnificence.

TUPAC-YUPANQUI, *onzième Inca.*

Quelque temps après son avénement, cet Inca fut surnommé *Tupac*, mot qui signifie splendeur ou éclat. Suivant la coutume établie, le nouveau monarque visita toutes les provinces de son vaste empire, et il employa quatre années dans cette tournée, pendant lesquelles il se comporta avec sagesse. Il résolut aussi, sous prétexte de civiliser les nations sauvages, de faire une expédition du côté de Caxamarca. Il pénétra, à la tête de quarante mille hommes, dans la province de Chacupuya, située à l'est de Caxamarca. Les naturels du pays, qui étoient fort braves, défendirent tous les passages; mais ils en furent ensuite chassés et essuyèrent un horrible massacre. Yupanqui les somma de se rendre, ce qu'ils firent : il les traita avec beaucoup de douceur et de modération. Ce prince soumit ensuite, en deux campagnes, les habitans de Chuchupuya, nomma les ministres et les officiers nécessaires pour le gouvernement du pays, et réduisit encore à l'obéissance une nation nommée Passamarcas, parce que les membres qui la composoient avoient sur le cou une excroissance comme les habitans des Alpes. Lorsqu'il eut fait les réglemens qu'il jugea nécessaire d'établir dans ses nouvelles conquêtes, il marcha vers les provinces de Cossa, d'Ayahuaca et de Callua, dont les habitans, après avoir résisté opiniâtrement à ses armes, se soumirent ensuite, mais bien plus par la persuasion que par la force.

La fatigue de ses dernières campagnes disposa l'Inca à goûter les douceurs du repos; il retourna dans sa capitale où il s'occupa des arts que l'on exerce pendant la paix, et sur-tout de l'architecture pour laquelle il avoit beaucoup de goût. Plusieurs des plus beaux aqueducs, beaucoup de greniers, de forteresses et de temples que les Espagnols trouvèrent dans le Pérou, étoient les ouvrages de ce monarque. Après avoir ainsi satisfait son goût pendant plusieurs années, il leva une armée formidable, avec laquelle il réduisit à son obéissance les vastes provinces d'Huanuca et de Cannari : les habitans s'abandonnèrent, presque sans résistance, à la clémence de l'Inca. Cette dernière province étoit une des acquisitions les plus importantes des monarques du Pérou ; ils l'ornèrent des plus beaux édifices que les architectes de ces temps purent élever.

Toutes ces conquêtes ne servirent qu'à exciter l'ambition de l'Inca Tupac ; il se disposa presque aussitôt à soumettre toutes les nations qui s'étendoient jusqu'aux frontières de Quito; mais il ne fit qu'ouvrir le chemin de cette grande province à son successeur; car aucune des tentatives qu'il fit pour engager le monarque de Quito à obéir à ses lois ne réussirent. Il est certain que son successeur eut la gloire de conquérir ce royaume. Ainsi le pouvoir de Tupac ne fut pas insurmontable, comme sa bonne fortune avoit semblé l'annoncer, et il mourut avec le chagrin de voir ses desseins frustrés par un roi barbare.

Huana-Capac, *douzième Inca.*

Huana-Capac avoit fait le métier de soldat pendant les deux dernières années du règne de son père, auquel il succéda immédiatement; il donna tant de preuves de valeur et de courage, qu'il fut nommé *Huana-Capac*, mot qui signifie un grand nombre de qualités héroïques. La guerre contre le roi de Quito ne fut jamais plus violente qu'après son avénement. Les habitans de Quito étoient fiers, obstinés et belliqueux; ils combattirent avec la plus grand courage; mais ils furent toujours défaits, quoique la victoire ne fût jamais décisive, à cause de la modération de l'Inca, qui ne permettoit point à ses troupes de poursuivre les ennemis, espérant qu'ils reconnoîtroient enfin leur infériorité et la nécessité de se soumettre à sa puissance. Mais Quito ne fut conquis qu'après une guerre qui dura trois ans.

Peu de temps après son retour à Cusco, Huana-Capac parcourut les provinces de son empire, pour se conformer à cette louable coutume établie par ses prédécesseurs. On le reçut par-tout avec enthousiasme. Acosta rapporte que ses sujets lui rendirent les honneurs divins pendant sa vie, ce qui n'avoit été accordé à aucun Inca. Ce fut vers cette époque qu'Huana-Capac fit faire, en mémoire de la naissance de son fils aîné, cette chaîne d'or célèbre dont les Indiens rapportent tant de merveilles. Suivant le calcul de Garcilasso, elle devoit avoir sept cents pieds de long. Elle étoit destinée à une danse royale, à laquelle les Incas ne dédaignoient pas de prendre part ; cette danse étoit grave et solemnelle, et consistoit seulement en certains gestes, et à se tenir par la main en forme de cercle. On voit pourquoi le fils aîné de l'Inca, son infortuné successeur, fut connu sous le nom d'*Huascar*, mot qui signifie chaîne en langue du Pérou. Huana-Capac eut bientôt un autre fils de la fille du feu roi de Quito; il fut nommé Atahualpa. C'est lui qui disputoit la couronne impériale à Huascar, l'héritier légitime, quand Pizarre aborda au Pérou.

L'Inca soumit ensuite sans difficulté toute la vallée de Chima, où ses prédécesseurs avoient terminé leurs conquêtes. Tous les habitans des vallées reçurent ses lois avec reconnoissance. Il alla ensuite dans le royaume de Quito, pour orner ce pays de superbes édifices, et pour le fertiliser au moyen de plusieurs canaux et aqueducs. Après avoir fini ces travaux, il somma les habitans de Tumbès d'embrasser sa religion et ses lois, ce qu'ils firent s'étant reconnus sujets de l'Inca. Il eut alors tout le loisir de punir les habitans d'Huancavilca qui, sous le règne précédent, avoient assassiné leurs gouverneurs; mais il épargna le peuple et ne punit que les principaux coupables. Après avoir consulté le fameux oracle de la vallée de Rimac, l'Inca somma dans les termes ordinaires les habitans de l'île de Puna en Pérou. Tumpalla, prince de cette île, feignit de se soumettre; il envoya une ambassade avec des présens, pour offrir à l'Inca tous ses domaines, et pour le prier d'honorer l'île de sa présence. L'inca accepta, ne soupçonnant aucune trahison, et passa dans Puna avec une partie de ses troupes ; mais tandis qu'il étoit occupé à établir l'ordre et la police parmi les insulaires, ces traîtres massacrèrent un grand nombre de ses soldats et jetèrent leurs corps dans la mer : plusieurs princes du sang périrent par l'effet de cette trahison. L'Inca, irrité, en fit punir les auteurs d'une façon à la fois terrible et exemplaire ; il n'y eut pas moins de mille insulaires exécutés de plusieurs manières différentes. Ce triste événement fut le sujets de plusieurs chants lamentables que les Américains répétèrent aux Espagnols. Huana-Capac fit bâtir une forteresse à Tumbès, et l'île fut confiée aux soins du gouverneur des provinces voisines du continent. Les habitans de la province de Chuchupuyas voyant l'Inca occupé à la conquête de Tumbès et à la révolte de Puna, s'étoient soulevés et avoient massacré tous les officiers et magistrats de l'Inca. Ce prince assembla aussitôt ses troupes avec toute l'activité possible, et plein de rage et de fureur, il marcha en personne pour châtier les rebelles. Ceux-ci, épouvantés, se retirèrent sur les montagnes les plus inaccessibles, pour éviter le ressentiment d'un monarque auquel ils ne pouvoient résister en pleine campagne. Mais les femmes des Chuchupuyas, plus confiantes dans la générosité de l'Inca, vinrent au-devant de ce prince pour implorer sa clémence. Dès que celle qui portoit la parole eut achevé son discours pathétique, toutes les femmes qui l'accompagnoient élevèrent la voix et dirent : « O toi, enfant du soleil ! » refuge des malheureux, aie pitié de nous, » et pardonne à nos parens, à nos maris, à nos » frères et à nos enfans ». L'Inca, touché de ces prières et du repentir des rebelles, leur pardonna : ils devinrent ses plus fidèles sujets.

Après avoir appaisé ainsi cette dangereuse révolte, l'Inca joignit le pays des Mantaeses à ses états, ainsi que plusieurs nations voisines qu'il conquit ; il avoit été absent pendant quelques années de sa capitale, et il y retourna vers le temps où se célébroit la fête du soleil. Huana-Capac y étala une grande magnificence. Ensuite il résolut de visiter une seconde fois toutes ses provinces, afin de laisser ses états dans une paix profonde, car il vieillissoit. Il faisoit cette nouvelle tournée quand il apprit que la province de Caranque s'étoit révoltée et avoit fait une ligue avec les nations voisines. Il résolut d'attaquer les rebelles, et, dans cette vue, il s'avança à la tête de son armée ; on livra plusieurs batailles, et les révoltés ayant été entièrement défaits, plusieurs milliers furent faits prisonniers, et les plus coupables, au nombre de deux mille, mis à mort.

Aussitôt après avoir étouffé cette rebellion, l'Inca revêtit Atahualpa, son fils naturel qu'il chérissoit, de la souveraineté de Quito : c'est ce qui donna lieu ensuite à la guerre civile entre ce prince et son frère Huascar. Il paroît que ce démembrement de l'empire et le caractère d'Atahualpa donnèrent lieu à des prédictions alarmantes, du vivant même d'Huana-Capac. Tous les historiens espagnols parlent aussi d'une prophétie à laquelle tous les Péruviens ajoutoient foi : elle annonçoit que l'empire seroit détruit par un peuple extraordinaire, vêtu d'une manière étrange, et dont l'air étoit épouvantable à cause de sa longue barbe. Quoi qu'il en soit, il paroît que de funestes pressentimens agitèrent l'Inca, et qu'il s'occupa des moyens de maintenir, après sa mort, la tranquillité de l'empire. Sur ces entrefaites, il établit sa cour à Quito, et comme les chaleurs y étoient excessives, il jugea à propos de se baigner dans un lac du voisinage, ce qui causa sa mort. Il fut tout-à-coup saisi d'une fièvre dont il mourut en peu de jours, après avoir régné pendant plusieurs années avec honneur et justice. Sa mort arriva huit années avant la première expédition de Pizarre.

Huascar, *treiziéme Inca*, et Atahualpa, *son frère, roi de Quito et usurpateur de l'empire.*

Huascar régna l'espace de cinq ans sans troubler en aucune façon son frère Atahualpa dans la possession du royaume de Quito. Suivant quelques historiens, Huascar réclama Quito comme faisant partie de l'empire des Incas, ce qui donna lieu à la guerre civile qui s'éleva dans la suite. D'autres l'imputent à l'ambition d'Atahualpa, qui vouloit étendre ses domaines. Tous conviennent qu'Huascar promit de confirmer la cession faite par son père à condition, qu'Atahualpa posséderoit ses états comme fief de l'empire, qu'il seroit tenu de rendre hommage à l'Inca, et qu'il ne chercheroit jamais à étendre ses domaines. Atahualpa y consentit et promit d'accompagner, dans peu de temps, son frère à Cusco, avec tous les Curacas et les seigneurs de son royaume ;

mais au lieu de tenir parole, il mit une armée sur pied, commença les hostilités, défit son frère et le fit prisonnier, comme nous l'avons rapporté dans cet ouvrage. Atahualpa se vit lui-même, peu de temps après, en proie aux usurpateurs espagnols. Ainsi finit l'empire des Incas, après avoir duré l'espace de treize générations, dans l'état le plus florissant de l'Amérique méridionale, tant par la politesse des habitans que par leur magnificence.

Aucun historien moderne n'avoit encore traité à fond cette intéressante partie de l'Histoire d'Amérique : quelques auteurs espagnols en avoient parlé sans ordre et d'une manière confuse et prolixe.

FIN.

TABLE

DES MATIÈRES CONTENUES DANS CE VOLUME.

Avant-propos.   Page 1

LIVRE PREMIER.

Introduction. — Découverte de la mer du Sud par Balboa. — Premiers indices du Pérou. — Caractère de François Pizarre et de Diego d'Almagro. — Expédition pour la conquête du Pérou. — Situation de cet Empire à l'arrivée des Espagnols. — Premier combat contre les Péruviens. — Prise d'Atahualpa, inca régnant.   9

LIVRE II.

Mort de Huascar-Inca. — Entrée de deux officiers espagnols à Cusco. — Description de cette ville. — Arrivée d'Almagro au Pérou. — Procès et supplice d'Atahualpa. — Défaite et mort de Ruminavi. — Conquête de Quito par Benalcazar.   60

LIVRE III.

Avantages remportés par Quizquiz, Général péruvien. — Convention de Caxamarca. — Entrée de Pizarre à Cusco. — Couronnement de Manco-Inca. — Expédition de don Pédro d'Alvarado. — Mort de Quizquiz et dispersion de son armée. — Origine des dissentions entre Almagro et Pizarre. — Expédition d'Almagro au Chili. — Fondation de Lima. — Arrestation de Manco-Inca. 89

LIVRE IV

Soulèvement des Péruviens. — Siége de Cusco par Manco-Inca. — Mort de Juan Pizarre. — Retour d'Almagro au Pérou. — Exil volontaire de l'Inca. — Dispersion de l'armée péruvienne. 115

LIVRE V.

Guerre civile entre les Espagnols. — Défection du parti de Pizarre. — Arrestation de Fernand et de Gonzale, frère du Gouverneur. — Évasion de Gon-

zale et d'Alphonse d'Alvarado. — Combat des Salines. — Défaite du parti d'Almagro. — Mort de Rodrigue Orgognos et de don Diego. 146

LIVRE VI.

Expéditions de Gonzale et d'Orellana. — Domination de François Pizarre. — Arrestation de Fernand Pizarre à Madrid. — Mesures adoptées par Charles-Quint pour pacifier le Pérou. — Conjuration contre François Pizarre. — Mort de ce Gouverneur et triomphe du parti d'Almagro. 175

PIÈCE JUSTIFICATIVE. *Harangue du Père Vincent Valverde, Aumônier des troupes de Pizarre, à l'Inca Atahualpa.* 207

TABLEAU HISTORIQUE *de l'Origine des Péruviens et du Règne de leurs Incas.* 213

 Manco-Capac, *premier Inca.* 216
 Sinchi-Roca, *second Inca.* 227
 Lloque-Yupanqui, *troisième Inca.* 232

MAYTA-CAPAC, quatrième Inca. 236
CAPAC-YUPANQUI, cinquième Inca.
                                240
INCA-ROCA, sixième Inca.   244
YAHUARHUACAC, septième Inca. 247
VIRACOCHA, huitième Inca.   253
PACHACUTEC, neuvième Inca.   257
INCA-YUPANQUI, dixième Inca.   264
TUPAC-YUPANQUI, onzième Inca. 266
HUANA-CAPAC, douzième Inca.   269
HUASCAR, treizième Inca, et ATA-
    HUALPA, roi de Quito et usurpateur
    de l'empire.   275

FIN DE LA TABLE.

www.ingramcontent.com/pod-product-compliance
Lightning Source LLC
Chambersburg PA
CBHW050641170426
43200CB00008B/1106